はじめに

人は誰もが「私の人生は幸せだった」と思いながら最期のときを迎えたいと思っています。後顧《こうこ》の憂《うれ》いなく、穏やかな気持ちで旅立っていくこと。それができる最期の迎え方は、まさに理想的な人生の幕引きです。

そのためには生きている現在、気をつけておくべきこと、しておくべきことがあります。

本書では、私の長い臨床経験を通して感じた患者さんたちの「悔い」の気持ちをもとに、理想の最期を迎えるための大切なポイントをまとめました。

患者さんの多くは「幸せでした。ありがとう」という言葉を遺されて旅立っていきます。いっぽうで「逝《い》く人も残された家族も心安らかではないだろう」と思わざるを得ない旅立ちの仕方もあります。

願わくば、大切な家族に見守られながら、人生に何の後悔もなく安らかに永遠の眠りについていただきたいというのは、医師としての偽《いつわ》らざる気持ちです。

それを実現するには、心身の健康管理、人間関係、お金、自分の死後のことなどに気を配り、準備や始末もして、いつ死が訪れてもいいように用意をしておかなくてはなりません。

世界的に平均寿命がどんどんと延び、日本人の平均寿命も延び続けています。今は人生100年時代といわれるようにもなっており、シニアと呼ばれる年代に入ってからの生き方が最期の迎え方にも大きく影響するようになりました。

食生活に気をつけなければ健康は保たれず、余生のほとんどを病院のベッドで過ごすことにもなりかねません。家族や友人・知人との関係を大切にしなかったことで、誰にも看取《みと》られないまま孤独に亡くなっていくことだってあり得ます。

また高齢になるほどお金が必要となる場面は増えていきます。金銭面に無頓着《むとんちゃく》だった結果、老後にお金で苦労するといったことも出てきます。

残念ながら80歳を過ぎると、「もっとはやくからこうしておけばよかった」と思いながら、その年齢ではどうにもできないといったことが増えていきます。

「後悔先に立たず」とはよく使われる言葉ですが、まだまだ「転ばぬ先の杖」が効く年代のうちに、本書で紹介している50の項目を大事にしてみてください。

誰かが最期に後悔したことは、転じれば後悔しないために自分ができることです。
健康長寿で余生を楽しみ、あっけらかんとした心持ちで幸せに旅立っていける人生を目指す多くの方に、本書が役立ってくれたとしたら、医師としてこれほど幸せなことはありません。

医学博士　志賀　貢

臨終医が見てきた人生の最期にみんなが後悔したこと50　もくじ

1章 健康について

2章 食について

3章 心について

4章 家族や故郷について

5章 仕事や友人について

6章 お金について

7章 最期の迎え方について

1章

健康について

1

健康長寿であるからこそ、最期に１００歳ばんざい！と叫ぶ喜びがあることを知るのが遅すぎた

１００歳以上の日本人は７万人

人生１００年といわれるようになったのは、ここ最近の話です。それを裏付けるように、厚生労働省の発表によると、日本の１００歳以上の高齢者人口は７万１２３８人（２０１９年現在）と過去最高の数字になりました。

長生きになったことは大変喜ばしいことではありません。しかし健康で長生きを実現している方が増えていかなければ、この数字を手放しで喜ぶわけにはいきません。

生きもののなかでこれほど寿命が延びたのはおそらく人間だけでしょう。人類史においても、ある意味私たちは超高齢化という未知の歴史を経験していくことになります。たとえ寿命が延びたとしても寝たきりであっては健康長寿とはいえません。この先も人生１００年を生きるのだとしたら、何よりもまず守るのは「健康」です。

平均寿命延長に成功した長野県

健康長寿の秘訣は、予防医学と食生活にあります。

全国の都道府県のなかで健康長寿に成功しているのが長野県です。かつては長寿といえば沖縄県で沖縄の人たちの食生活が大変注目されましたが、沖縄はファストフードが原因ともいわれ長寿の人が減り、今は長野県に女性の長寿1位（男性は2位）の座を明け渡しています。

長野県はぽっくり往生でも有名で、ピンピンコロリ地蔵があちこちのお寺に建てられ、ぽっくり逝きたいシニア世代の人たちの参拝ツアーが大盛況となっています。

今でこそぽっくり往生の聖地となっているものの、長野県はかつて高血圧症の人が多く、脳卒中で亡くなる方が非常に多い県でした。しかしこれではいけないと考えた県が、住民の食生活を変えたのです。

具体的に何をしたかというと、まずは漬物の塩分を抑えることに努めました。ご存じのとおり、長野には野沢菜をはじめ、おいしい漬物がたくさんあり、漬物好きな県民が数多くいます。

また海がないため魚は塩漬けにして食べていたのですが、魚の塩分を抑えて薄味にする取り組みも進めました。県民にも予防医学として食事療法を学習してもらい、その結果脳卒中が見事に減ったのです。長野県の成功で注目すべきもうひとつの点が、この予防医学の徹底にあったことも忘れてはいけないことです。

人間の最後の天敵は動脈硬化症

長野県の取り組みからもわかるように、塩分のとりすぎは健康長寿の大敵となります。がんや脳卒中などの発生率を県別に見ると、2015年のデータでは青森県、岩手県、秋田県といった東北地方が目立ちます。いずれも塩分摂取量の多い県です。

厚生労働省では、一日の塩分摂取量を、18歳以上の男性は8グラム未満、女性で7グラム未満としています。日本人の食生活から考えるとなかなか厳しい基準ですが、塩分の過剰摂取は血圧を上昇させて血管にダメージを与えやすいことを考えれば、健康長寿のための取り組みのひとつとして減塩は避けられないことといえます。

高齢者の健康を脅《おびや》かすものには細菌やウイルス感染などもありますが、人間にとっての最後の天敵は動脈硬化症といわれています。

すべての血管が動脈硬化を起こすと、体内に十分な血液がしっかり循環しなくなり、体中のあらゆる臓器が活動に支障を来《きた》すことになります。脳に血液が回らなければ認知症になる可能性が高まってしまいます。

健康は血液循環が良好であることが大前提です。健康長寿を目指して100歳まで元気に生きるためにも、動脈硬化をどう予防するかを学ぶ、知るといった予防医学の知識が今後ますます必要になってくるでしょう。

「衣食住」から「医食住」へ

そのために覚えておいていただきたいのが「医食住」という言葉です。「衣食住」は生活の基本ですが、「医食住」は高齢になってからも健康な生活を送り続けるための基本です。病気と闘うためには「医」の知識が不可欠になります。病気の気配が忍び寄ってきたら「医」に頼ることが必要です。

健康に100歳を迎えるからこそ、長寿は喜ばしいのです。それを目指して、生活の仕方を「医食住」中心に変えていきましょう。

2

体が動くうちに、もっとやりたいことを楽しんでおけばよかった

運動ははやく始めるに越したことはない

80歳を過ぎてから体操教室に通ったり、ゴルフを始めたりする女性が増えています。いくつになっても体を動かすのはよいことです。けれども、できればもう少しはやい時期、たとえば40代、50代から長く続けられるスポーツや趣味をもつことができるとよいでしょう。

病院に入ってから「足腰を鍛えるため」といって階段の上り下りを日課にしている方もいますが、さすがにそれでは遅すぎます。運動ははやく始めるに越したことはありません。もし、「これをやってみたい」と思う運動やスポーツがあれば、体が動くうちに思い切って始めてみることをお勧めします。はやく始めれば上達もはやく、その後も続けられる一生の趣味にしていくことができるでしょう。

好きなことは心身両面の健康に効果的

もちろん運動やスポーツに限らず、絵でも俳句でも、何でもよいのです。少し遠くまで出かけて風景をスケッチしたり、景色を句や歌にして詠《よ》んだりすれば、運動にもなりますし気持ちもリフレッシュします。

カラオケもよいですね。喉を丈夫にするということは嚥下《えんげ》機能を丈夫にすることにつながります。誤嚥予防になり、誤嚥性肺炎を防ぐことにもつながります。

近年は「ひとりカラオケ」といって、ひとりでカラオケボックスに行き、好きな歌を思う存分歌って楽しむことも流行《はや》っているようです。

歌は思いの他全身の筋力を使いますし、お腹から声を出すようにして歌うことで肺を動かすことにもつながります。また大声を出すことはストレス発散にもなりますので、体と気持ちの両面を健康にしてくれます。

いつまでも元気に、健康で若々しくいる。そのためにはやめに好きなことを見つけて、楽しみながら続けることがいちばんなのです。

3

体に水と酸素がいかに大切なのかを知るのが遅すぎた

水と酸素が細胞を元気に動かしている

人間の体は水と酸素がなければ生きていくことができません。人の体を構成しているのは、65％の水分、15％のタンパク質、同じく15％の脂肪、そして5％のミネラル他の成分という割合です。それらが細胞をつくり、大気から取り込まれた酸素が血液に乗って細胞を巡ることで細胞が元気に働くようになっています。

ですから水と酸素のどちらが不足しても私たちは健康でいられなくなります。この2つは日頃から十分に意識して取り入れるようにしたほうがよいのです。とくに高齢になると、喉の渇きを自覚することが減り、水分補給を忘れがちになります。水を飲む回数が減って、知らぬ間に体が水分不足に陥っている場合が少なくありません。

一日に１５００ccの水分補給が必要

脱水症は本当に怖いのです。体内から４％の水が失われると頭痛、めまい、吐き気などが起こり、10％の水が失われると急性循環不全という状態になり、全身けいれんを起こしたり、意識を失ったりして、場合によっては死に至ることもあります。

脱水症と聞くと夏場の熱中症を思い浮かべがちですが、水を飲み忘れることが増えれば季節に関係なく体は脱水を起こしますので、意識して水分をとることが大事です。私は「60の声を聞いたら、水差しでもペットボトルでもいいから枕元に水を置いて寝ましょう」と伝えています。そして夜中にトイレで目覚めたら、用を足してからコップ一杯の水を飲むことを勧めています。冷蔵庫に入れておくと、水を飲むことを忘れたり、冷蔵庫まで行くことが億劫《おっくう》になったりしますから、枕元に置いておくというのがポイントなのです。人の体は一日に１５００ccの水分補給を必要とします。これだけの量をとろうとするのは大変に感じるかもしれませんが、５００ミリリットルのペットボトルで考えれば３本分。朝昼夕でそれぞれ１本ずつと思えばがんばって飲めるのではないでしょうか。

肺が弱ると肺炎にもかかりやすくなる

高齢になると呼吸も浅くなり、酸素の取り込みも減りがちです。すると肺も弱くなり、肺炎やＣＯＰＤ（慢性閉塞性肺疾患）などの呼吸器疾患にかかりやすくなります。世界の三大死因は、１位が心筋梗塞（虚血性心疾患）、２位が脳梗塞（脳血管障害）、そして３位が肺炎（下気道感染症）です。肺炎は気道の下にある肺胞が炎症を起こす病気です。これが死因のトップスリーに入っているということは、それだけ高齢化が世界的にも進んでいるということでしょう。

いったん肺炎にかかるとなかなか治りません。しかも高齢になってからの肺炎は寿命にも大きな影響を及ぼしますからやっかいです。呼吸がしっかりとできなくなり、心臓も衰弱《すいじゃく》してきて、高齢者の体力をたちまち奪い、免疫力も機能しなくなって容態が一気に悪化しやすいのです。

それまで健康だった人が肺炎になるいちばんの原因は、風邪です。「風邪は万病の元」といわれますが、高齢者にとって風邪は大敵です。たかが風邪と侮《あなど》らず、予防をきちんと行い、風邪をひいたらしっかり治すことを大切にしてください。

深呼吸で肺を動かし、酸素を補給しよう

日頃から酸素を体内にしっかり取り込んで、肺を鍛えておくことも必要です。一日に数回大きく深呼吸をするなど、肺を動かす機会をつくりましょう。朝のラジオ体操も、とてもよいと私は思います。最後に深呼吸をすることで新鮮な朝の空気を吸い込み、肺にたっぷり酸素を送り込んでくれます。ラジオ体操は運動としての負荷《ふか》も程よく、体のストレッチにも最適です。ラジオ体操をした後に、水を飲むといった習慣をつくれば水と酸素の両方を取り込むことができますから、ぜひ日課にしてみてください。

ただし酸素は諸刃《もろは》の剣《つるぎ》にもなります。酸素を取り入れると頭と体のリフレッシュに大いに効果ありということで、働く人を中心に、カプセルのなかに入って酸素吸入をするサロンや酸素スプレーが人気を呼んでいるようですが、吸いすぎれば体内に二酸化炭素が増え、CO_2ナルコーシスと呼ばれる酸素中毒となり、呼吸困難や意識消失を起こします。酸欠を防ぐことは大事ですが、だからといって無理に取り込むのは危険です。あくまで自然に取り入れることを大切にしていただきたいと思います。

4 歳をとったらスポーツは選択すべきだった

ポイントは「やっていて楽しいもの」

運動やスポーツで大切なことは、できるだけ長く続けられるものほどよいということです。それには「ひとりでも楽しく長く続けられるもの」をポイントに選ぶのが秘訣です。とくに、やっていて楽しいものであることはいちばんのポイントです。

その点、卓球やテニスなど相手がいないとできないスポーツは、地域サークルに入るなど工夫が必要でしょう。ひとりで続けられるものであれば、自転車、ジョギング、ウォーキング、水泳、体操といったものがあります。このうち自転車やジョギングは、思わぬ事故や体の故障につながりやすいため、高齢になってからも続けられるかどうかという点で疑問が残ります。

また運動・スポーツをする際には、少し気をつけていただきたいこともあります。

たとえばゴルフですが、パットの瞬間は知らないうちに息を止めることが多く、無酸素状態になって心筋梗塞を起こし、倒れる中高年の方が結構多いのです。水泳も同様に、息継ぎをしっかり行わないと無酸素の状態が生じます。ゴルフや水泳をされるのであれば、呼吸を止めず、ゆっくり酸素を取り入れながら行うよう注意してください。その点に気をつければ健康維持に大いに役立ってくれるはずです。

社交ダンスは体も心も健康にしてくれる

楽しくできるという観点から、私がお勧めしたいのは社交ダンスです。なかでもキューバン・ルンバというジャンルは中高年に大変人気があります。社交ダンスと聞くとワルツやタンゴを思い浮かべるかもしれませんが、キューバン・ルンバは、アップテンポのリズムに乗って踊る、かなり運動量の多い社交ダンスです。

踊っていても楽しく、年齢を重ねてからも続けられる趣味と運動性を兼ねそなえています。社交ダンスの衣装は華やかなものも多いですから、きれいな衣装を身につけて、メイクも整えることで気持ちがウキウキし、体だけでなく心の健康にも役立ってくれるでしょう。

5

本当に健康によい散歩の仕方を知るべきだった

無理なく心肺機能を高めてくれるウォーキング

手軽にできる運動として推奨されているのがウォーキングです。歩くことは、歳をとってから弱くなりがちな足腰を鍛えてくれると同時に、歩きながらの呼吸で酸素を取り込み心肺機能も高めてくれます。

本格的な運動としてウォーキングを行うのもよいのですが、運動なれをしていない方やこれまであまり運動を習慣にしてこなかった方は、散歩でもよいと思います。いろいろな研究からも、毎日20〜30分ほど散歩をするだけで健康維持に役立ってくれることがわかっています。

ただし、だらだらと歩くだけでは健康効果の面で少々もの足りません。ぜひ、健康によい歩き方を意識してみてください。

緩急をつけて歩くことで効果が高まる

私がお勧めしたいのは「インターバル速歩法」というものです。これは速足で3分間歩き、次にゆっくり3分間歩くという緩急をつけた歩き方です。散歩の合間に5回ほど「インターバル速歩法」を繰り返すことで、だらだら歩くよりもはるかに身体機能を高めてくれます。

外に出られないときは、室内で足踏みをしてもよいと思います。はやく足踏みをしたら、次にゆっくり足踏みをする。これを繰り返します。私はそれぞれ50回ずつ行うようにしていますが、回数はご自分の体力に合わせて調整してください。うっすら汗が出てきて深呼吸したくなる程度の負荷が目安です。はやい足踏みとゆっくりな足踏みをワンセットにして、1日2～3回ほど行うことを習慣にされるとよいでしょう。

人間の体の筋肉は半分以上が足についています。足を使うことは健康維持の要《かなめ》であり、基本中の基本といってよいのです。

6

タバコをやめなかったこと

肺や血管への影響はやはり大きい

禁煙が叫ばれるようになって、近年は喫煙率もずいぶんと下がってきました。タバコのタールとニコチンに関しては、世界の論文・データを見ても「体には毒である」というデータが大半を占めています。

とくに肺への影響は大きく、COPDと呼ばれる慢性の閉塞性肺疾患を増やすことはよく知られています。COPDは別名で肺気腫と呼ばれる病気です。

またタバコは血管を収縮させるため、心筋梗塞にもつながります。タバコがストレスを減らすといったデータもないことはないのですが、やはり医師の立場として、タバコは吸わないほうがよいといわざるを得ません。

とはいえ喫煙が習慣になっていると、自分ひとりの意志ではなかなかやめられない人もいるでしょう。

禁煙外来や禁煙グッズを使うのも方法

私もかつては喫煙者でした。ふかすだけの吸い方でしたが、それでも翌日の食事がおいしく感じられず、やめようと思いながらやめられなかった経験があります。ですからタバコをやめられない方の気持ちもよくわかります。

私がタバコをやめたのは、80代でこの世を去った母の死がきっかけでした。通夜の晩に、穏やかな母の顔を見ながらタバコに火をつけたところ、突然不整脈が起こったのです。吸うのをやめると不整脈も止まり、吸うと不整脈が起こるといったことを体験し、「これは母親がやめなさいといっているのだな」と思い、それを機にすっぱりタバコと縁を切りました。

こうした何かのきっかけでやめられることもありますが、多くの場合、意志だけでは禁煙に失敗します。今は禁煙外来などが増えてきていますので、医療機関を利用してタバコから離れるのもよい方法です。

7

無理して若くいようとしたこと

更年期以降は体の老化が急速に進む

100歳過ぎまで元気に生きた泉重千代《いずみしげちよ》さんはタバコを嗜《たしな》み、毎日黒糖焼酎を飲み続けていたそうです。100歳でもヨガをやったり、体操をやったり、元気に体を動かしている方もいます。入院患者さんのなかにも、肺炎から敗血症を起こして「危ないかな」と思っても、点滴をするとケロリと治ってしまう100歳のおばあちゃんがいました。

こうした100歳がいることも事実ですが、誰もがそうなれるわけではありません。人間の大多数は年齢に比例して体の衰えがやってきます。その自覚を忘れると、思わぬ病気やケガに見舞われることになります。

とくに女性にとっての大きな分岐点は、女性ホルモンが減少し始める更年期です。

50歳を過ぎて更年期が始まると女性の体は加速度的に老化がはやまります。

女性ホルモンが減少していることを念頭に

女性ホルモンであるエストロゲンの最大の恩恵はコレステロールの値をコントロールし、中性脂肪の量を減らして動脈硬化を防いでくれることにあります。その恩恵が薄れてきますから、以前と同じような生活スタイルを続けていると心筋梗塞などが起こったりといった落とし穴が待っています。

さらに女性ホルモンの減少によって骨のなかのカルシウム量が減り、骨密度の低下も起こりやすくなります。若いときの感覚で体を動かすと、骨がポキっといきかねません。歳を重ねてからの骨折は寝たきりにもつながりやすいので要注意です。

「年寄りの冷や水」という言葉も日本にはあります。いつまでも若いつもりで、今の自分の体力に合わないことをするのは命を縮めることにもなります。

だからといって、ことさら大人しくしている必要はありませんが、若いときのようにはいかないことを頭の片隅に置いたうえで体を動かし、好きなことを存分に楽しんで心と体の健康を保つようにしましょう。

8

人は自然のなかで生まれ、そして死んでいく真実を、もっと意識して暮らすべきだった

現代人はありふれた病で亡くなっている

海外のことわざに「Nature is the best physician」というものがあります。日本語にすると「自然は最良の医師である」。何でも教えてくれるのが自然であり、自然のなかに自分を置いて生活するのが長生きのコツであるということです。

自然を忘れて暮らしている現代人はひ弱になります。20ページで、世界の死因トップスリーについて触れましたが、これをトップ10にまで広げると、5番目にランクインしているのが認知症です。急性の下痢症、結核といったものもランクインしています。風邪から肺炎になって亡くなる、下痢から脱水症状を起こして亡くなる、そして認知症で亡くなる方も多い。これはどういうことかといえば、現代人はありふれた病で亡くなっているということです。

自然と触れ合う人ほど長生き

現代医学がこれだけ発達してきたのに、こうした病で亡くなっていく人が多いというのは現代人がひ弱になってきていることのひとつの証左かもしれません。

たとえばピロリ菌感染症です。日本は世界でも有数のピロリ菌感染王国で、日本人はすぐにピロリ菌に感染して胃潰瘍を起こします。がんも多い国です。日本の死因ではがんがトップクラスですが、そのような国は日本以外にみられません。

その原因はさまざま考えられますが、かつてと比べて周りの自然を粗末にするようになってきたことも大きいと思います。木をなぎ倒して鉄筋コンクリートに変え、電化製品を大量に使って生活する。一見、便利で幸せそうに見えますが、このような生活は間違いなく体をひ弱にします。

世界的に見ても、自然のなかで自然と共に暮らすことを大事にしている国の人々は長生きです。ですから自然と触れ合うことの心地よさを思い出し、自然のなかに身を置くことも大切にしましょう。たまには木々の豊かな場所や海岸に出かけて、森林浴を楽しんだり、潮風を思い切り吸い込んだりすることが大事です。

9

生薬ほど人の命を守り続ける妙薬はないことに気づくのが遅すぎた

動物たちも自然のもので体を癒している

人類が類人猿から分かれて進化し始めたのが約600万～700万年前。46億年の地球の歴史からするとまだまだ赤ん坊のようなものですが、その人類が地球環境と闘いながら生きてくる間に、自然のなかからケガや病気を癒《いや》せるものとして見つけてきたのが生薬です。生薬《しょうやく》は植物、動物、微生物、鉱物をベースにした薬です。

動物も自然のものを使って体調を整えたり、傷を治したりします。海岸に行って猿が塩水を飲むのも、海水中のミネラル分を摂取するためです。

私は北海道の知床《しれとこ》半島の生まれですが、あるとき手負いのクマを猟師が撃ち殺したことがありました。人里に現れ、一度猟銃で撃たれていたクマでしたが、仕留めた後に確認すると、驚いたことにそのときの傷口にヨモギの葉が詰められていたのです。

ヨモギには止血作用があります。クマもそのことをちゃんと知っていたのですね。動物たちも、長い時間をかけて何が薬として効くのかを経験で覚えているのでしょう。

現代医薬はすべて生薬をベースにしている

人間も、知恵を使って自然のもののなかから薬として効果のあるものを数多く見つけていきました。人類が最初に発見した生薬は柳の木といわれています。紀元前400年頃には、すでに樹皮と葉の部分に鎮痛・解熱作用があることが知られており、医学の父と呼ばれた古代ギリシアのヒポクラテスも、熱のある人や出産時の痛みに柳を煎《せん》じてのませたりかじらせたりして、薬として用いていたといわれています。

その柳の成分は「サリチル酸」といい、現代では鎮痛・解熱の代表薬「アスピリン」として知られています。これが現代医薬の原点です。さらにアスピリンは現在、「バイアスピリン」として動脈硬化を防ぐ最高の薬になっています。

現代医薬として用いられている薬剤は、元をたどると生薬から見つかった成分を化学合成したものばかりです。

たとえば血液が固まることを防ぐ「ワーファリン」という薬は枯草菌という土壌微

生物、「ジギタリス」はジギタリスの葉、「モルヒネ」は芥子《けし》、「ペニシリン」「ストレプトマイシン」はカビからつくられています。またヨーロッパやロシアに多く生えている甘草《かんぞう》という雑草は、世界で唯一、慢性肝炎の薬として効果を発揮しています。

最近発見されたなかではインフルエンザ薬の「タミフル」もあります。タミフルは中国料理でよく使われる八角というスパイスから生まれました。八角をよく食べている人はインフルエンザに強いということがわかり、調べてみたらインフルエンザウイルスの増殖を防ぐ成分が見つかったのです。

このように、現代医学で使っている代表的な薬には生薬由来のものがじつにたくさんあります。自然の恩恵はすごいのです。

自然のものが長らく命を守り続けてくれた

その自然の恩恵を、自然のまま薬として用いているのが漢方薬ですが、漢方薬と西洋医学の薬には根本的な違いがあります。漢方薬にはどうしても西洋医学を超えられない壁があるのです。それは「定量」を示すことができないということです。

定量とは、○グラムのんだら熱が下がる、菌が死ぬなど、薬効を引き出すための必要量を明らかにすることです。漢方薬ではこれができません。それぞれの生薬には素晴らしい成分が含まれており効果は確かにあるけれども、効き方はその人の体質や状態によって変わります。薬としての即効性も西洋の薬が勝《まさ》ります。

とはいえ自然のものが長らく私たちの命を守り続けてきてくれたことは間違いありません。その自然を大切にしてこなかったツケも出てきています。

恐ろしい病気として知られているエイズやエボラ出血熱を起こすウイルスは、もともとはアフリカのジャングルで他の微生物やウイルスと共生しながらひっそり生息していたウイルスたちでした。感染相手も猿しかいなかったのです。しかし世界中から森林伐採の手が入り、土地を丸裸にしてしまったことでウイルスが住処《すみか》をなくし、人間界で猛威を振るうようになってしまいました。

エイズウイルスやエボラウイルスという寝た子を起こしたのは、自然を壊した人間なのです。そのように考えていくと人間は自然を超えることはできませんし、人間の知恵の集結である科学でさえも自然を超えることはできません。そのことをしっかり心に留めておくことも大切でしょう。

10

自分の闘病生活は薬に頼りすぎだった

胃腸薬が胃がんを見逃す

日本人は薬が大好きです。市販薬にしろ、生薬にしろ、病院で処方される薬にしろ、何かあると薬に頼ることが少なくありません。

しかし薬に頼りすぎると、大きな病気を見逃すことがあるので危険です。

たとえば胃腸薬というものがあります。今の胃腸薬は素晴らしい効き目を発揮してくれるものがたくさんあります。よい成分が使われているため、胃の粘膜に作用して不快感や痛みをすぐさま抑えてくれます。ところが、それらを抑えてしまうがために隠れた病気がいつまで経っても見つからず、発見が遅れるといったことがしばしば起こります。胃腸薬で調子はよくなりますが、がんに気づかないといったことがあるのです。

薬に頼りすぎることで大病につながることも

これはすべての薬に同じことがいえます。頭痛や発熱が起こるとすぐアスピリンを服用する。つらい症状を緩和したくてすぐに抗生剤を出してもらおうとする。このように薬に頼りすぎると、却って大病を患ってしまう可能性が高くなってしまうのです。薬で痛みを止め続けてきたことで、イザというときに痛み止めが効かなくなるといったこともよくある現象です。

また、薬として使われるものにはどれにも副作用があることを忘れてはいけません。ビニール袋いっぱいの薬をもち歩いて「ご飯の量より薬の量のほうが多いのではないか?」という方もいますが、のめばのむほど副作用も増えていきます。

健康を保つには根本的に体を丈夫にすることが先決です。薬をどれほどのんでも、目の前の症状を和らげてくれるだけで、体そのものを丈夫にしてくれるわけではありません。ぜひ、そのことを考え合わせて薬とは上手に付き合ってください。

COLUMUN

「医は仁術」とは医師と患者が互いに信頼し合うこと

「医は仁術」といわれます。仁術の「仁」は、人が2人という字から成り立っています。医療は、治療する医師と治療を受ける患者さんが大きな信頼関係のうえに立ち、手を結び合って病魔と闘うことが必要であると教えているのです。

いい医師と巡り会い、かかりつけ医をもつことは健康長寿の大きな後押しとなります。また、かかりつけ医を信頼し、そのアドバイスや忠告に耳を傾けることも健康を守るうえでは大切です。

2章

食について

11

酒は飲まずに嗜むという格言を守るべきだった

お酒も過ぎれば毒になる

お酒好きは男性に多いとの印象がありますが、女性にもワインや日本酒、サワーといったお酒を楽しむ方がたくさんいます。

「酒は百薬の長」「酒三杯は身の薬」「酒は苦い思いを抱く者に与えよ（旧約聖書）」など、洋の東西を問わず、お酒の効用を伝える格言はいろいろありますが、どのようなものも過ぎれば害になります。お酒も例外ではありません。毎日の飲酒が当たり前になると、脂肪肝や肝硬変といった病状を招くことは皆さんもご存じではないでしょうか。

酒は飲むものではなく嗜むもの。つまり量を飲むのではなく、ちびりちびりと嗜みながら気持ちをゆるめていくような飲み方が望ましいといえます。肝臓を守るため、休肝日も最低週に一度は設けたほうがよいでしょう。

「酒は嗜むもの」には意味がある

酒は飲むものではなく、嗜むものだと私に教えてくれたのは沖縄のおじいさんでした。沖縄に講演に出かけた際、講演後の宴席で同じテーブルになった90歳過ぎの長老が、「先生は講演のなかで〝お酒を飲む〟と何度も話されていたが、それは違います」と諭《さと》すように教えてくれたのです。

沖縄では酒を飲むとはいわず、「嗜む」という。泡盛には米のエキスが詰まっていて、人の体には非常に薬になる酒だから、自分自身のために口にしなければならない。食前にお猪口《ちょこ》一杯、食間に一杯、締めに一杯と飲むのが正しい味わい方である。最近、泡盛を水割りにしたり、ぐい飲みしたりする光景を目にするが、それは間違った飲み方なのだ。

この話を聞いて大変に感服し、それ以降お酒の話をするときには、長老の「酒は嗜むもの」という言葉を格言として伝えています。

ちびりちびりと飲むからこそ、「酒は百薬の長」「酒三杯は身の薬」になるし、酒は自分自身のために口にする良薬と考えて付き合わなくてはならないのです。

飲み方は「一日1合」に

お酒の効用を良薬として生かすには、飲む量にも留意しなくてはいけません。ちょっと前まで、健康のことを考えて飲むのであれば「一日の酒量は2合まで」とされていました。肝臓がアルコールをきれいに分解し切って炭酸ガスと水に変えるのに、これぐらいの量がちょうどよいとされていたからです。

しかし日本人は欧米人と比べると、肝臓でのアルコール分解能力が弱いのです。ですから量を飲めばてき面に肝臓を壊します。欧米人の飲み方を真似して、強いお酒をショットで何倍も飲むといった飲み方は、日本人の体質ではできないのです。

そうした日本人の肝機能を考慮して、厚生労働省は現在、日本酒なら一日1合が適量としています。ビールなら500ミリリットルのロング缶1本、ワインならグラス1杯（200ミリリットル）というところでしょうか。

また、お酒を飲むときにタンパク質のものを一緒に食べることも肝臓を守ることにつながります。お酒は20％が胃から、残り80％が腸から吸収されます。タンパク質を一緒にとると吸収の度合いをゆるやかにしてくれるのです。

肴はタンパク質のものを

タンパク質を酒の肴《さかな》にする効果のひとつは、胃の粘膜を保護してアルコールによる刺激を抑え、胃を傷める度合いを減らしてくれる点です。２つめとして胃からのお酒の吸収を穏やかにします。

そして３つめに、タンパク質に含まれるアミノ酸が、アルコールを分解する酵素の原料となっていることがあげられます。アミノ酸があるとアルコール分解酵素の働きを高めてくれ、アルコールでダメージを受けた肝臓の修復にも役立つのです。

植物性タンパク質なら枝豆や豆腐、動物性タンパク質では肉類や魚介類の刺身などをお酒と一緒にとるとよいでしょう。ワインに合わせるならチーズなどの乳製品や魚介のカルパッチョなどもいいですね。

魚介にはＥＰＡ（エイコサペンタエン酸）やＤＨＡ（ドコサヘキサエン酸）、タウリンを含むものも豊富ですから酒の肴としては最適です。「酒の肴はタンパク質」を医学的格言として、ぜひ覚えておいてください。

12

血管のために もっと肉を食べればよかった

肉のエラスターゼは長寿の元

肉に含まれる酵素の一種であるエラスターゼは血管の弾力を高め、若返らせる働きがあります。すべての筋肉には、筋肉を丈夫に保つために弾力繊維と呼ばれる組織があります。弾力繊維はエラスチンというタンパク質でできており、血管壁の弾力も、このエラスチンによって保たれています。

体の老化が進むと血管壁のエラスチンの新陳代謝が悪くなり、血管が硬くなってコレステロールなどが蓄積されやすくなることで動脈硬化が進みます。とくにコレステロールなどがたまりやすいのが、血管の「中膜」の部分です。

血管の中膜の状態が悪くなってきたときに修復してくれるのがエラスターゼです。新陳代謝の悪化で血管壁にたまっている古いエラスチンを溶かし、新しいエラスチンがつくられるように促したり、蓄積されたコレステロールなどを溶かしたりしてくれるのです。このエラスターゼを含んでいるのが肉類の赤身の部分に多いのです。

高齢になるほど肉類は大事

歳をとるほど食の好みは野菜中心のあっさり、さっぱり嗜好《しこう》に傾いていきますが、血管を守るためには肉も必要です。日本人の平均寿命がここまで延びたのも、明治の文明開化以降、欧米の肉食文化が日本人の食生活に入ってきたことが大きいのです。

80歳を過ぎても現役の歌い手として活躍しているある歌手の方は、血の滴《したた》るようなステーキを今でも週に3回食べているそうです。ステーキでタンパク質をとり、その間にラーメンを食べて炭水化物を補充することが健康の秘訣であり、若い頃と変わらない声の張りにつながっているといいます。こうした例からも、高齢になるほど肉を食べることの大切さがおわかりいただけるでしょう。日本人の肉の摂取量は、現在のところ一日ひとり当たり75~100グラム程度です。健康によい摂取量は100グラム以内とされていますが、高齢の方は30グラム程度で構いません。少しの量でも肉を食べることが健康長寿につながります。

13

脂肪の少ない赤身肉が免疫力を高めることを知らなかった

赤身の成分が免疫力を高める

粗食ばかりで肉を食べないと栄養状態が悪くなります。じつは肝臓でつくられるアルブミンという血液タンパク質の量は老化の進行をはかる目安となっています。

アルブミンが不足して起きるいちばんの問題は、免疫力が落ちることです。免疫力をつくり出しているのが免疫細胞ですが、この免疫細胞が十分に働いてくれるためには栄養が必要になります。その栄養の元となっているのが、タンパク質なのです。

たとえば牛肉やマグロの赤身などは高タンパク食品です。免疫力を高めるうえでも霜降りやトロといった脂肪の多い部分ではなく、赤身の部分を食べるのがお勧めです。

「肉は動脈硬化を進める」はもう古い

もうひとつ、赤身肉を積極的にとっていただきたい理由として血管を丈夫にしてくれる点があります。

血管は「外膜」「中膜」「内膜」と3つの層からできています。このうち、動脈硬化などを引き起こすコレステロールや中性脂肪がたまりやすいのが「中膜」の部分です。詳細は前述のとおりですが、牛肉の赤身（ヒレ肉）にはこうした血管内の蓄積物をきれいにしてくれるエラスターゼという成分が多く含まれています。

かつて肉のとりすぎは動脈硬化を進めるといわれていたときもありました。現在は、「その考え方は古い。肉をきちんととるほうが健康にはよい」というふうに変わってきています。100歳になっても肉は食べなさい、と国も指導しています。

血管を若々しくしてくれますし、肉に含まれるタンパク質は、体の筋肉や細胞をつくる非常に大切な栄養素です。肉の摂取が少ないと筋肉が衰え、細胞の働きも悪くなります。脂肪のとりすぎはいけませんが、赤身肉を積極的に食卓に取り入れていきましょう。

14

ビタミンB_1不足に気づくのが遅すぎた

豚肉でビタミンB_1をしっかり摂取

食材には、その素材にしかない大事な成分が含まれていることが多いものです。たとえば豚肉であればビタミンB_1です。ビタミンB_1は、少なくなると末梢神経や中枢神経の働きが悪くなり、脚気《かっけ》などの病気につながることが知られています。白米を食べるようになってから、玄米を食べていた頃より脚気が増えたというのも、玄米に多いビタミンB_1が精米で取り除かれてしまったことが一因です。

ビタミンB_1は筋肉や神経の活力を高めるためになくてはならない栄養素です。血管を丈夫にしてくれる牛肉と合わせて、豚肉も食卓に取り入れていきましょう。

いろいろな肉をバランスよく食べよう

徳川家康から始まった江戸時代、とくに長命を誇った徳川家将軍が2人います。ひとりは皆さんにもお馴染《なじ》みの初代将軍・家康です。50代が平均寿命だった江戸時代において家康は75歳まで生きました。その家康は予防医学の達人でした。外国から入ってくる知識を取り入れて、よいとされるものは積極的に試したそうです。

そしてもうひとり、歴代将軍のなかで享年77と最も長命だったのが、徳川家最後の将軍・慶喜です。大政奉還後、将軍職を返上して静岡に居を移してからは趣味三昧の生活を送り、食生活では「豚一様《ぶたいちさま》」と呼ばれるほど豚肉を好んでよく食べたそうです。慶喜《よしのぶ》が長命だった理由のひとつは豚肉にあり、といってよいかもしれません。

牛肉や豚肉は高くてしょっちゅうは食べられないと心配な方は、鶏肉でもよいのです。鶏肉は高タンパクながら低カロリーで脂肪が少なく、コラーゲンも豊富です。最近では胸肉に含まれ疲労回復効果のあるイミダペプチドという成分も注目されています。肉には、牛肉、羊肉、豚肉、鶏肉それぞれに大事な栄養素が含まれています。少量で構いませんので、いろいろな種類の肉を食卓に取り入れるようにしてみてください。飽きずに肉が食べられますし、バラエティに富んだ栄養素をとることができます。

15

体の脂肪を減らし筋肉を増やす食べ方を知らなかった

羊肉に多い「カルニチン」の効果

歳を重ねると筋肉量が減少してきます。そのため転倒してしまう人が増え、生活の質が低下することを後悔する人が絶えません。そこでその予防のため、羊肉をとることをお勧めします。羊肉のカルニチンには、体内の脂肪を燃焼させてエネルギーに変換する働きがあります。

モンゴル出身力士の強さの秘密も、羊肉のカルニチンにあると思われます。カルニチンの日本人の摂取量は一日約75ミリグラムですが、モンゴルの人たちは425ミリグラムと、日本人の約5・7倍の量を摂取しています。大相撲ではモンゴル出身力士たちの筋肉は最後の踏ん張りに強いといわれますが、それは羊の肉をたくさん食べる食生活が育《はぐく》んでくれたのでしょう。

また羊肉には、不飽和脂肪酸と呼ばれるＥＰＡ（エイコサペンタエン酸）とＤＨＡ（ドコサヘキサエン酸）も豊富に含まれているため、動脈硬化を防いでくれる働きもあります。

ラム肉は安くて栄養素が豊富

羊の肉のなかでも生後1年未満の仔羊である「ラム」肉は、牧畜の盛んな北海道では日常的に食べられており、私も北海道在住の頃はジンギスカン料理をよく楽しんだものですが、日本全国でいうとまだ馴染みの薄い肉かもしれません。

肉質がやわらかく、羊肉特有の香りも薄いので、食べなれていない方でもラム肉は受け入れやすいと思います。近頃はスーパーなどでもラム肉の扱いが増えており、ジンギスカンのお店もあちこちにできています。羊の肉が食べられるようになってきたことは健康面でも好ましいことですので、転倒や寝たきり防止のために、ぜひ取り入れてください。

16

なぜ減塩が必要なのか深く考えずに生きてきたこと

私たちの体は大量の食塩を必要としていない

世のなかにある食べ物に一切塩を使わなかったとしても人間は死ぬことはありません。なぜなら自然界で人間が食べ物としているものは、微量の塩分をすでに含んでいるからです。長い間、カナダやグリーンランドに住むイヌイットの人たちに心筋梗塞が少ないことは大きな謎とされてきました。「いったい、なぜ少ないのか」を明らかにするために食生活の調査が進められ、アザラシやクジラなどの生肉を食べていたためとわかりました。イヌイットの塩分摂取量はほとんどゼロに近い状態でしたが、それでも彼らに塩分の不足は見られませんでした。海の生きものの肉を生で食べることで、必要な塩分量を摂取できていたからです。

ほとんどの日本人は塩分量をオーバーしている

食塩に含まれるナトリウムは、脳梗塞、くも膜下出血、脳出血などの脳卒中、心筋梗塞や狭心症などの心臓疾患の元となり、またがんの発生の誘因にもなっています。ＷＨＯでは一日の摂取量を５グラム以下と定めていますが、干物や漬物、野菜をたくさん食べる日本の食生活を考えると、この基準は少なすぎます。たくあん３切れで１グラム、塩鮭１切れで２グラムいってしまう。こうした現状では、厚生労働省が現在提唱している男性一日８グラム未満、女性一日７グラム未満の基準も厳しいものがあります。日本人の全国平均では、男性10・９g、女性は９・２gと、大きく目標値を超えているような状況です（２０１４年度厚生労働省「国民健康・栄養調査」より。

塩分のとりすぎを防ぐため、カリウムを含み食べやすいバナナや里芋などの果物や野菜をとることで体内のナトリウム排出を促し、カルシウムが含まれている魚介類や乳製品、大豆製品を積極的にとるようにしましょう。イヌイットの人たちが塩を使わずとも健康であるように、私たちの体は大量の塩分を必要としていないはずなのです。「塩分をとりすぎない」ことを意識し、食べ方を工夫していきましょう。

17

EPA、DHAがコレステロール値を下げることをもっと意識すべきだった

血管を若くしてくれる不飽和脂肪酸

近年、高齢女性の脂質異常症が注目されており、コレステロール値の高さに悩む患者さんも増えてきました。

コレステロール値が低いことで知られるグリーンランドのイヌイットの人たちが食べる生肉には不飽和脂肪酸が多く含まれていますが、不飽和脂肪酸は水に溶ける性質をもった水溶性の脂肪酸です。代表がＥＰＡ（エイコサペンタエン酸）とＤＨＡ（ドコサヘキサエン酸）です。この2つには中性脂肪やコレステロールを下げる効果があります。

クジラやアザラシの肉にＥＰＡとＤＨＡが多い理由は、彼らが小魚を食べていることにあります。その小魚はオキアミをエサにしています。オキアミを小魚が食べ、小

魚をアザラシなどが食べ、アザラシを人が食べるという食物連鎖によって、人の体内にもたくさんの不飽和脂肪酸が取り込まれていたということです。

一日1回魚を食べてEPA・DHAを摂取しよう

筋肉をつくってくれるタンパク質豊富な肉類を摂取することも大切ですが、歳を重ねていけばいくほど、ＥＰＡとＤＨＡを多く含む魚介類を一日に1回は食べることも大切にしていただきたいと思います。

魚介類のなかでも、とくに青魚はＥＰＡとＤＨＡが豊富です。サンマ、イワシ、アジ、サバ、ブリ、ハマチ、マグロ、サワラがよいでしょう。また北海道出身の私がお勧めしたいのが、キンキです。

キンキには、80グラムの切り身にＥＰＡとＤＨＡがそれぞれ1・2グラムずつ含まれており、大きなものになるとイワシ1匹の4～5倍に匹敵する含有量になります。イワシやサンマと違って、気軽に買うには少々値が張る魚ですので頻繁に食べるというわけにはいきませんが、たまには奮発して、血管を守るために食卓に取り入れてみてはいかがでしょうか。

COLUMUN

食欲は健康の基本

「食」という字は「人」と「良」に分かれます。人間が最もよい健康状態にあるときに生まれるのが食欲です。体が悪くても、精神状態が悪くても食欲はわいてきません。心身が健康で健全であるからこそ、食べることができる、食べる意欲がわいてくるのです。

3章

心について

18

感情に振り回された一生を過ごしたこと

イライラは心・体・人間関係すべてにマイナスになる

生きていると腹を立てたくなることもあります。思いどおりにならないことや気に入らない出来事もあるでしょう。人に対してイライラしてしまうこともあります。しかしイライラはストレスをつくり、心身の健康を損なう元です。

ここ近年、キレる高齢者が話題になることが増えてきました。感情的に苦情をいい募《つの》るクレーマーと呼ばれるような行為をする高齢者の話もよく耳にします。腹の立つことも多いかもしれませんが、いつも不機嫌な顔をして、人を寄せつけないオーラを発散させていると、本当に人は寄ってこなくなります。

イライラしてばかりの人は周りからも敬遠されます。この先、歳を重ねれば重ねるほど人に頼る場面が増えていきます。ですから人との関係を損なってはいけません。

集団からはずれると寿命を縮める

人間は自然の法則、すなわち自然の摂理にしたがって生きていくようにできており、それに逆らうことは、体にも心にも無理を来して寿命を縮めることにつながります。自然の神様は人間に3つの大きな本能を与えました。その本能とは「食欲」「性欲」「集団欲」です。これらは私たちが健康で平和に生きて、人類という種をしっかり次につないでいくために授けられたものです。

「食欲」と「性欲」については改めて説明するまでもないでしょう。健康に生きて、男女が愛し合い子孫を残すために必要な本能がこの2つです。

そして「集団欲」とは、群れをつくりたい、集団で生きたいと望む本能です。種を残すには同じ生きもの同士が群れているほうが効率的ですし、外敵から身を守るうえでも効果的です。この本能があるために、人間は人の輪のなかで暮らすことを根源的に望みます。人は社会的な生きものといわれるのもそのためです。

常に感情的で怒りっぽく、イライラしていると、その輪のなかから弾き出されてしまうことになります。孤独になり、心身が弱って寿命を縮めることになるのです。

イライラには生理学的原因があることも

本能からすると、イライラや怒りは本来滅多に起こらないはずです。しょっちゅう出てくるとしたら何かしらの原因があるのかもしれません。

たとえば女性の場合、閉経を迎える更年期の頃は、ホルモンバランスが崩れることで自律神経に乱れが生じ、イライラ、憂うつといった神経症状が出てきやすくなります。50歳前後で感情的になることが増えたのであれば、それが原因であることも考えられます。

他に考えられるのは脳の働きです。人の脳は大きく2つに分けられます。ひとつは側頭葉と呼ばれる脳の横側にある古皮質です。先ほどの「食欲」「性欲」「集団欲」という原始的な本能を司る部分がここです。また海馬と呼ばれる記憶中枢も側頭葉にあります。海馬は記憶と結びついて感情を起こさせている部分でもあります。

もうひとつが新皮質と呼ばれる部分です。新皮質のうち、ちょうどおでこのあたりに位置する前頭前野は「理性の座」とも呼ばれ、本能や感情が暴走しようとすると「いやいや待ちなさい」とブレーキをかける役割をしています。

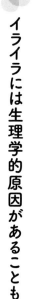

脳の老化も疑ってみる

本能と理性はシーソーのような関係にあり、常にどちらかが上がったり下がったりを繰り返しています。子どものうちは新皮質の部分が未完成ですから本能のほうが勝《まさ》りますが、成人になると理性がちゃんと働くようになるものです。

ところが50代を過ぎる頃になると脳の老化が始まり、真っ先に新皮質の働きが衰えていって理性が働かなくなる場面が増えていきます。新皮質の働きが落ちてくることで海馬からの感情の想起を抑えることができなくなり、ちょっとしたことでもカーッときたり、イライラしたりすることが増えてくるのです。

怒りっぽくなった、イライラすることが増えたと感じるようになったら、脳の老化が原因かもしれません。

また怒りのコントロールができなくなっていくのは、認知症の入り口である可能性もあります。怒りが抑えにくいとの自覚があるときは、一度、認知症のテストを受けてみることも考えてみましょう。年齢が若いうちは早期発見・早期治療で本格的な認知症に進むのを遅らせることができます。

19

ときめくことを忘れてしまったこと

100歳長寿の3つのポイント

以前NHKが100歳の方を対象にアンケートをとったことがあります。その際「どんなことに気をつけてきましたか」という質問に対して、「何もしないでここまで来た」という人は15%。残り85%の人は、やはりそれぞれ気をつけていることがあり、それをまとめると大きく3つのポイントが浮かび上がりました。

1つめは3食をしっかり食べることです。食べることへの関心を失わず、食欲を大切にして心も体も健康を保ってきたということです。

2つめは、嫌なことや悲しいことがあっても後ろは振り返らず、前を見てクヨクヨせずに生きてきたこと。つまりストレスに負けずに生きてきたということです。

そして3つめ。意外な答えに感じるかもしれませんが、いつまで経っても色気を忘れないことでした。

100歳まで元気に長生きするには、この3つの原則が必須なのです。

夫婦互いに色気を忘れずに

クヨクヨしないで、常に好奇心をもち、伴侶を大事にして、気恥ずかしくても「ありがとう」「今日もステキよ」といい続けることを忘れない。健康長寿の秘訣はここにあり、といってよいかもしれません。

なかでも色気を忘れないことは心の健康を保つ最高の妙薬です。ですからときには夫婦手をつないで歩くことも大切でしょう。くれぐれも「こんなくたびれたおじいさん」という目で相手を見ないようにしましょう。もちろん、それは男性の側にもいえることです。長年連れ添ってきた関係だからこそ、ぜひ夫婦互いに「ありがとう」「おいしいよ」「ステキだね」と相手に感謝し、ほめ合う関係を大切にしてください。

そのうえでタレントや俳優に心をときめかせるのも、色気を忘れないという点では大切です。墓場に行くまで異性に対する好奇心を忘れないことも長生きのコツです。大いにときめいていただきたいと思います。

20

人と比べて生きてきたこと

負の感情は心の健康を蝕む

人にはそれぞれ個性がありますから、人の真似をしてもうまくいきません。とかく隣の芝生は青く見えがちです。しかし「人は人、自分は自分」という言葉を心に刻んで、自分の個性を大事にして生きていくほうが幸せで寿命も延びます。

隣の家が建て替えをしたからうちも負けずに建て替える、友人の子どもが一流企業に勤めていることを悔しがる、そのようにして対抗心を燃やしたり、競争したりしても心が貧しくなるだけです。高齢になればできないことも増えていき、人の助けを借りることも増えていきます。ですから人とのつながりやコミュニティはますます大切になっていきます。人との縁やつながりを考えたら、人と比べて我が身を嘆《なげ》いたり、人を羨《うらや》んだりすることは必ずしもよいことではありません。

何より、妬《ねた》みや嫉《そね》みを常に抱えて生きていると大きなストレスをもち続けることになり、体の健康だけでなく心の健康も蝕まれていきかねません。

人にほめられる特技をもとう

人と我が身を比べず、自分の個性を大切にして生きるには、人とは違う、自分だけの特技を身につけることがいちばんです。絵がうまい人を羨ましく感じたら、自分も負けずに絵で対抗しようと思わず、俳句の腕を磨いていこう、歌で勝負しようと考える。人よりも抜きんでた何かを身につける、他の人にはない特技を磨いていくと切り替えたほうがよいのです。

できる人と比べても、できない自分に悩むだけです。私はよく「名人芸を身につけなさい」というのですが、競ったり、悩んだりすることをやめて、他の人より抜きんでた自分だけの特技を伸ばしていくよう、発想を切り替えてみてください。

スポーツでも、詩や俳句でも、折り紙や小物づくりでも何でもよいのです。人から「上手ね」「すごいね」とほめられるぐらい腕を磨いたら、劣等感や人を羨む気持ちも薄まっていくでしょう。

21

誰かの考えに振り回され本当の自分がどこにいるのかわからなくなったこと

芯となるものを身につけよう

自分の芯となるものがないと、人の考えに振り回されることが増えていきます。もし「自分は学がないから」「能がないから」という気持ちがあって、ご自分に自信がもてないのであれば、芯となるものを身につけましょう。

人をつくるのは学歴ではなく、それまでどのような人生を歩んできたか、どのように知識を増やして地頭を鍛えてきたかです。本当の頭のよさは60歳を過ぎてから現れてくるものなのです。

社会に出てから自分の軸となるようなものを育て、身につけてきた人は、そうそう安易に人に振り回されることもなくなります。なぜならば自分に自信があるからです。自分に自信がもてるかどうかに学歴は関係ありません。

社会に常に関心をもつことが大事

私の知り合いに日本の歴史に大変詳しい人がいました。こちらが舌を巻くほどいろいろなことを知っているので、「博識だね。どこで勉強したの？」と尋ねると、昔から歴史が好きで、歴史の本を片端から読み漁り、全国各地のゆかりの地を訪ねる旅などをして詳しくなっていったといいます。

そうした旅行体験なども交えて知らない歴史の話を教えてくれるので、私も話を聞くのが毎回楽しみでした。その人は中学しか卒業していません。けれどもそんなことは忘れてしまうほどの知識量で、話もとてもうまいのです。

そのことに自信ももっていて、「なんだ、先生。こんなことも知らないの？」と半ばあきれたような顔をしていわれたこともたびたびです。医学に関することであれば私も負けませんが、歴史に関してはその方に教えられる一方でした。

そういう人もいれば、一流大学を出た高学歴の人であっても、まともに日本語さえ知らないという人がいます。

今50代、60代の女性は、ひと昔前の世代と異なり高学歴の方が増えています。しかし短大あるいは大学を卒業して、少し社会で働いてから結婚を機に家庭に入ったという方もたくさんいます。

家庭中心の生活になると世間も狭くなり、情報が入ってくる先はテレビやインターネットに限られがちです。そうなると得られる知識が浅くなり、自分の意見や考えを磨く機会すらなくなります。自分の芯をつくることができなければ、自信をもてず、人に依存して生きていくしかなくなるでしょう。

主婦であっても、社会に目を向けていろいろなことに興味・関心をもって生きてきた方は、自分の考えの軸というものをきちんともっている方が少なくありません。しかし家のなかのことだけにしか目を向けず、すべての判断を自分でしてこなかったような人は、何においても人任せになりがちなのです。

読書が自分の芯をつくる

自信があれば、根なし草のようにあっちの意見にふらふら、こっちの意見にふらふらということも減っていきます。しかしそのためには勉強を怠《おこた》らないことも大変大事なことです。

現代はインターネットで手軽にいろいろな情報が入手できますが、インターネットの知識だけでは浅い知識しか身につきません。やはり本を読んで勉強することがいちばんなのです。

心理学の本でも宗教の本でも、終活に関する本でも、じっくりと読んで知識を増やしていくとよいと思います。知識が増えると頭のなかの引き出しも増えていきます。何かを判断したり、考えたりしなくてはいけないとき、その引き出しを開けて考えるということをしていくと、人の考えや判断に振り回されることも減っていくでしょう。

いろいろなことに興味をもって、耳に入ってきた情報を書物で深掘りしていく。こうした努力は誰でもできることですから、学び続けることをぜひ大切にしてみてください。

22

ストレスが免疫力を下げることを学んでおけば、もう少し長生きできたかもしれない

ストレスは悪いものばかりではない

ストレスとは外界から入ってくる刺激（ストレス要因）によって起こる現象をいいます。ゴム毬《まり》にたとえると、ゴム毬には外からギュッと押すとへこみ、離すと元に戻る性質があります。このギュッと押したときにできるへこみが、ストレスと呼ばれるものです。

人間は常にストレス要因に囲まれながら生きています。たとえば気温の変化、耳から入る音、体で感じる刺激、誰かの言葉など、外から入ってくる刺激はすべてストレス要因となります。ですから私たちはストレスと無縁では生きられません。

また、ストレスはとかく悪者にされがちですが、必ずしも悪いものばかりではないのです。「あなたはこれが得意だから、ぜひ任せたい」といわれたことは、緊張感を

もちつつも楽しくがんばれるものです。適度なストレスがあるからこそ、体も心も適度に緊張し、張りをもって生きていくことができる。このようなプラスの側面ももっているのです。

ストレスホルモンが免疫力を下げる

しかしストレスが過多になると話は別で、一転して悪さをするようになります。心をゴム毬とすると、ストレスがかかって歪《ゆが》みができても、それを弾き飛ばせれば問題は起こりません。弾き飛ばせないほどの大きなストレスがかかったり、常にギュッと抑えられたりする状態が続くと気持ちが疲れ、そこから体にも異変が生じてくるようになります。

ではどうしてストレスにより、心や体に異変が起きてくるのでしょうか。それには副腎皮質から分泌されるストレスホルモン「コルチゾール」が関係しています。

脳がストレスを感じると副腎皮質に指令が下り、コルチゾールが分泌されます。コルチゾールは体内のいろいろなところに働きかけて、その機能を高めてくれる役割を果たしています。適度なストレスがあるほうが体がよく動き、集中力が高まるというのもコルチゾールの働きによるものです。

ところがストレス過多になりコルチゾールの分泌が増えすぎてしまうと、働きが過剰となって今度は体を攻撃するようになってしまいます。

攻撃を受けると、体は免疫細胞を発動して機能を守ろうとします。コルチゾールが増えることで、その被害を抑えようと免疫細胞があちこちで闘いを繰り広げることになり、免疫細胞のダメージが大きくなる結果、免疫力が弱くなってしまうのです。

このようにストレスが度を越えると、免疫機能が弱くなり、細胞を守る力が失われて感染症やがんなどの病気になりやすくなる、うつなどの心の病気にもなりやすくなるといったことが起こるのです。

三大ストレスは死別、離婚、別居

同じストレスでも、結婚のような幸せ感を伴うストレスであればコルチゾールもよいほうに働いてくれます。しかし悲しみや喪失感、怒りといったものが伴うストレスは免疫機能を低下させ、心身によくない影響を及ぼします。

とくに免疫機能を大きく弱体化させてしまうのが、配偶者との死別、離婚、別居といったストレスです。かけがえのない大切な相手、愛着のある相手との別れは大変に大きなストレスとなり、免疫細胞であるリンパ球のなかのNK（ナチュラルキラー）細胞が著《いちじる》しく減少することが数々の研究から明らかにされています。

ロンドン大学名誉教授パークス博士の研究からは、死別や離別を経験すると対象喪失による「喪の心理」状態に陥り、免疫力が極端に落ちて心筋梗塞になる割合がグンと増加することがわかっています。とくに男性が妻を失うと顕著だそうです。

ストレスによって免疫力が低下したら、とにかく少しでもはやく回復をはかることが大事です。それにはまず、食事でしっかりタンパク質をとって免疫細胞を増やすことです。

もしうつ状態になりかけていたら、はやめにカウンセリングや治療を受けて、家族に支えてもらいながら心の回復をはかることも大切です。

もちろんストレスに負けないよう、日頃から意識してストレス解消に努めることも心がけましょう。

23

ストレス解消に、笑いが役立つことをもっと知っておくべきだった

国内外で認められている笑いの効果

現代社会は、ストレスが悪いほうに働きやすい環境が増えています。ですから日頃からストレス予防やストレス解消策をもっておくことが何よりも重要です。

ストレスに対処するための方法にはいろいろありますが、とくに注目されているのが笑いの効用です。笑いが健康に大きな効果をもたらしてくれることは国内外問わず知られており、海外でも笑いの研究が進められています。

「笑う門には福来る」といわれるように、お腹の底から大笑いすることは健康長寿の秘訣のひとつでもあります。笑うと気持ちがスッキリし、たまっていたストレスも吹っ飛びます。大声を出して笑えば喉の機能も丈夫にしてくれますから、嚥下障害の予防にもなります。

笑いは免疫力をアップする

また近年数々の研究から、笑いには免疫力を高めてくれる働きがあることも明らかとなりました。大笑いすると、ストレスホルモンである「コルチゾール」の過剰分泌を抑えてくれると同時に、リンパ球のなかのＮＫ（ナチュラルキラー）細胞が増えていくことがわかっています。ＮＫ細胞の増加はがん細胞の増加を防ぐことにつながりますし、感染症にもかかりにくくなります。

この他血圧を下げる、血糖値を下げる、脳がリラックスして活性化するなど、笑いにはさまざまな健康効果があることがわかってきており、そうした笑いの効果を日常に取り入れようと、みんなで集まって大笑いするサークルなども出てきています。

人が集まって、笑いながら楽しく騒ぐことは集団欲を満たしてくれますから、ますます幸せな気持ちになり、免疫力が活性化するといったよい循環を生んでくれるでしょう。

寄席や漫才、コメディ映画やコメディドラマで、日常に笑いを取り入れてみてください。さらに、ただ笑うだけでなく、たくさんの人と集い、そこで笑う・歌う・踊るの三拍子が揃えば、ストレス解消と免疫力向上にはなお一層効果が期待できます。

笑いと踊りが沖縄の人たちの健康の源

かつて日本一の長寿県として知られていた沖縄は、人が集まって場が盛り上がってくると、どこからか三線《※さんしん》が出て来て、カチャーシーと呼ばれる踊りが始まります。「人の踊るときは踊れ」の言葉どおり、これが始まるとその場にいる人はみんな音楽に合わせて、笑い、歌い、踊り出します。

沖縄を研究している人たちは、沖縄県民が長寿だった理由として次の3つをあげています。まずは米軍基地があることで、いちはやく欧米の肉食文化が流入し、バター、チーズ、牛乳といった乳製品もはやくから食べられていたことです。

2つめは、鉄道網があまり発達していないことです。そのため人々は徒歩で移動し、それが健康の元になっていたのだろうということです。今も沖縄には鉄道は走っていません。しかし現代の沖縄はすっかり車文化となり、歩いて移動することも減りました。長寿県ではなくなってしまった一因として、それも影響しているかもしれません。

そして3つめが群れて遊ぶ、群れて食事をするなど、人々が集まって場を楽しむ文化が根づいていることです。

笑って体を動かしてストレス軽減を

沖縄の人たちの健康長寿の源は、まさにこの3つめの大勢で笑う・歌う・踊る文化にあったのではないかと思います。

日本各地では夏の風物詩として盆踊りも開かれます。盆踊りは見知らぬ人同士であっても、歌に合わせて踊り、楽しく笑うことで一体感が生まれます。踊りの輪に参加して、ストレスが緩和されていく経験をされた方も多いのではないでしょうか。

笑いと踊りの組み合わせは、人とのコミュニケーションを豊かにしてくれますし、ストレスの解消にも大いに役立つ組み合わせであるといってよいでしょう。

※中国から沖縄に伝わった、へびの皮を張った三弦の楽器。

COLUMUN

「医師は心半分、薬半分」がいい医師

どんなに腕の立つ医師であっても、心がない医師は「いい医師」とは決して呼べません。実績がある、腕があるといった評判だけでなく、患者さんに気配りし、きちんと人として向き合ってくれる医師を選びましょう。

4章

家族や故郷について

24

故郷に帰らなかったこと

故郷は自分の原点である

故郷は自分がこの世に誕生した場所です。自分自身の人生がスタートした出発点であり、また自分が人として成長してきた場所でもあります。故郷に帰ることは原点に戻ること、もっといえば母の胎内に戻るようなものといってよいでしょう。人生に失敗したり、苦労が続いたりして死にたい気持ちになったとき、故郷の土を踏むことが次に進む原動力になってくれたりするのも、そこが原点だからに他なりません。

今は多くの人が、生活の便利さや豊かさを求めて、故郷に残ることを選ばず都会に出ていきます。そのまま「忙しくて時間がない」「帰省代が高い」などを理由に、故郷に帰ることをほとんどしない、できない方もいます。これはじつに残念なことだと思うのです。

年に一度は故郷でルーツの確認を

なかには故郷を捨てるようにして出てきて、一切の縁を切ってしまったという方もいます。身寄りがないという入院患者さんのなかには、故郷に親類縁者はいるものの、長らく音信不通であったため血縁者との関係が断ち切れてしまい、頼ることができないまま寂しく孤独に亡くなっていく方もいます。

仕事や生活に追われていると、なかなか帰省することもできないかもしれません。しかし親類縁者とすっかり疎遠になり、頼れる身寄りもなく寂しく亡くなっていく方を見てきた者としては、やはり機会をつくって、年に一度は故郷に帰ることを大事にされるほうがよいと思います。

とくに年齢を重ねるほど、故郷の地を踏んで古い友人に会ったり、親戚に会ったりすることは、自分のルーツを確認し、自分の人生を振り返るという意味でも大事になっていきます。故郷が遠方にあると、歳がいけばいくほど体力的に故郷へ帰ることがむずかしくなります。体が動くうちに、帰る機会をできるだけつくるといったことも考えてみてはいかがでしょうか。

25

子どもの自立を見届けられなかったこと

深刻な「8050」「7040」問題

近年、高齢の親がいい年齢の子どもの面倒を見続けるケースが増えています。80代の親が50代の子どもを養う、70代の親が40代の子どもの生活を支える、さらには90代になっても60代の子どもを食べさせているようなケースもあります。

私が知る限りにおいて最年長だったのは、64歳の娘が96歳の母親の年金で生活していたケースでした。亡くなった父親が国家公務員だったため、母親の遺族年金も40万円を超える額となり、その年金で親子が生活できてしまうのです。

娘はひとりっ子できょうだいもなく、パートナーもいませんでした。ずっと自由気ままに生きてきたのでしょう。親のお金がありますから働いた経験も皆無でした。

親の脛かじりは晩年に困る

母親が生きている間はそれでも問題はなかったのですが、母親が入院し、そのまま亡くなるとたちまち暮らしが立ち行かなくなりました。仕事を見つけようにも、それまで働いたことがないうえに、60歳を過ぎていますから働き口がなかなか見つかりません。結局、生活保護に頼らざるを得なくなりました。

娘か息子かに関係なく、このような親子が最近じつに多いのです。ひとりっ子で、しかも働いた経験がなく、パートナーもいない。自分亡き後、そうした子どもがどうなるかは少し想像してみればわかることです。親世代はそれなりの年金がもらえたとしても、本人が働いていなければ心配です。

親のお金をあてにして、自立もせずに暮らしてきた子どももよくありませんが、私は「それではいけない。ちゃんと手に職をつけるなり、働くなりしなさい」と教育してこなかった親の側にこそ責任があると思います。自立し働いて生活するのは、人として当たり前のことです。子どもの将来は子ども自らが設計していかなくてはなりません。親の脛《すね》はあてにできないことをきちんと教えるべきなのです。

26

じつは親から自立できていなかったこと

思いは大切にしながらも親離れを

有名な精神科医であるフロイトは、人の心の成長過程を「口唇期（0～1歳）」「肛門期（2～3歳）」「男根期（4～6歳）」「潜在期（6～思春期）」「性器期（思春期以降）」の5つの段階に分け、それぞれの時期に、その年代に合った教育を行うことが重要であると説きました。

こうした発達段階を無視して、ひたすら子どもを猫かわいがりする、あるいは厳しくしつけすぎると子どもの心が順調に育ちにくくなります。子育ての失敗はすべて親の側に責任があります。大人になった後も物質的・精神的に親から自立できていないとしたら、まずはそのように育ててきてしまった親に問題があります。

一方で子どもの側も、ある程度の年齢を重ねてきたのであれば、いい加減親離れしなくてはなりません。親離れするには、親への思いは大切にしつつ、親から受け継いだものを次に渡していくという発想をもつことが必要です。

親のよいところを次につないでいく

親に対するコンプレックスがあると、親を越えられないと思ってしまいがちですが、無理に越えようとすることはないのです。

ただし父親や母親のよいところ、素晴らしいところを自分なりに色付けしながらつないでいく、そうした努力はしていかないといけません。親の仕事や生き方に対する姿勢、親がつくる料理の味など、親が元気なうちに受け継げるものを受け継いで、次につないでいくということを大事にしてみてください。

親子間のコミュニケーションはいくつになっても必要です。入院患者さんたちを見ていると、甘やかされて育ってきた子どもほど親との関係を大事にしていないように感じます。年老いた親と過ごせる時間は限られていることを忘れないで、我が家のDNAをどう残すか、どうつないでいくかを考え、親との関係を見直すことも大事ではないかと思います。

27

ものを処分しなかったこと

元気なうちにものの整理を

高齢になると、ある日突然倒れて入院といったことも起こりやすくなります。そのまま自宅に戻れず、病院や施設で亡くなるようなことも出てきます。そうしたことを考えると、身の回りのものは徐々に整理していくことを心がけたほうがよいでしょう。

私もこれまで、入院後に急逝《きゅうせい》されて残された家族が遺品整理で苦労したといった話を耳にしてきました。また形見分けでもめて親族の仲が悪くなるといった話もあります。高価な宝石や大切にしてきた着物などは、誰がもらうかでもめる元となりがちです。元気なうちに大切にしてくれそうな人に譲《ゆず》る、あるいは渡したい人を遺言書で指定しておくといったことはしておかれるとよいでしょう。

大事な秘密の思い出は取扱注意

また自分だけの思い出の品、誰にも知られたくない秘密の品なども、元気なうちに処分するかどうするかを考えておかれたほうがよいと思います。

結婚前に付き合っていた恋人からの手紙、初恋の人の写真のようなものは、美しい思い出があることで手放す踏ん切りがつかないかもしれません。しかし、こうしたもののほど残されると家族は困ります。

もし捨てられないということであれば、思い出話と一緒に孫に預けるのもよいでしょう。「おばあちゃんが昔好きだった人でね」と話してやることは、歩んできた人生を次の世代に伝え、自分史を残していく意味でもよいことだと思います。

ここで大事な点は、くれぐれも配偶者に知られないことです。男性は意外と嫉妬深い生きものですから、自分の知らない相手との思い出の品を、妻が後生大事にもち続けていたなんてことがわかるといつまでも根にもちます。

子どもにしても、親の恋愛話には抵抗を感じるでしょう。ですから孫がいちばんよいのです。「おばあちゃんの大切な思い出」として大事にしてくれるはずです。

28

よいパートナーに恵まれなかったこと

年老いてはじめて孤独に気づく

今は男女ともに40代、50代で未婚という人が増えています。そもそも「ひとりでいるほうが気楽だ」というのは、まだ自分が若いからいえることです。

この先年老いて、体が動かなくなったり病気になったりしたとき、必ずや孤独を感じる場面が増えていきます。ときには寂しさに乗じて、詐欺まがいの異性にお金をだまし取られたりする方もいます。

孤独は寿命を短くする

孤独なほうが人生は豊かに生きられるという言説が一時期もてはやされました。人生哲学のひとつとしてはありだとしても、医師の立場からは孤独は決してお勧めできるものではありません。孤独が寿命を縮めることは医学的にわかっているからです。

医学的観点で孤独をお勧めしない理由は2つあります。ひとつは精神的にうつ状態になりやすいという点です。人間には「集団欲」の本能があり、群れて生きることを本能的に求めます。そこからはずれることは健全なありようとはいえないのです。不自然な生き方は心の健康にもよくない影響を与え、寂しさからうつになることが多くなります。

もうひとつは免疫力が低下する点です。食事の仕方が悪くなる、幸福や喜びを感じることが少なくなる、こうしたことが重なって身体的・精神的な免疫力が落ちてきやすくなります。

これらの理由から、晩年に孤独であるほど人は寿命が短くなる恐れがあります。必ずしも異性と結婚をすることに限りませんが、こういった理由から、人生を共にする、信頼できて何でも話せるような、長い付き合いができるようなパートナーをもつことが必要だと、私は思います。

29

離婚が寿命を縮めることを知らなかったこと

離婚すると平均余命が短くなる

今は離婚も当たり前の世のなかになりつつあります。「熟年離婚」という言葉もすっかり市民権を獲得し、40代半ば以降の離婚件数は現在も増えています。「これ以上は一緒にいられない」という気持ちが募れば、離婚の二文字も頭をよぎることでしょう。しかしその前に、離婚は大きなストレスとなることも知っておいてください。離婚によるストレスがどれほどダメージになるかは、平均余命からも明らかです。少々古いデータで恐縮ですが、国立社会保障・人口問題研究所が１９９５年に発表した「配偶関係別生命表」（『人口問題研究』第55巻第1号・１９９９年3月　石川晃）を見ると、離婚女性の場合、配偶者がいる女性と比べて40歳時点で４・79年、50歳時点で４・34年平均余命が短いとの結果が出ています。

女性は離婚しても結構サバサバとしており、自分の人生を謳歌《おうか》しているイメージがありますが、それでも離婚を経験していない人と比べると寿命は短くなるのです。

離婚のダメージは男性のほうが大きい

ちなみに男性の場合はさらに深刻です。離婚を経験した男性の平均余命は、していない人と比べ40歳時点で10・34年、50歳時点で8・76年も短くなっているからです。離婚のダメージは男性のほうがより大きいのですね。

確かに男女の別れに関して未練がましいのは圧倒的に男のほうです。いつまでも別れた相手のことを忘れられず、酒を飲んではため息をつく。私の周りでも、バツイチ男のそんな姿がよく見られます。

いずれにしても健康で長生きを考えた場合、よほどの事情がない限り、安易に離婚に走ることは避けたほうが賢明といえるかもしれません。

また「こんな人とはもういられない」と思ったときは、「でも」と思い直していただきたいのです。「私と別れたら、この人の寿命は4～8年も縮まるのか」と思えば、少しは情けをかけてあげたくなるのではないでしょうか。

30

伴侶に感謝を伝えられなかったこと

「感謝」と「ほめる」は夫婦でも大事

夫婦の関係はお互いさまです。長年連れ添えば、何かしら不満も出てくるでしょう。しかし小さな不満であれば、それを乗り越える努力も必要です。会話を増やしてコミュニケーションをとり、離婚につながらないように夫婦関係を大切にしたほうがよいのです。

男女関係なく、ほめられて悪い気がする人はいません。何かをしてくれたら「ありがとう」を忘れずに伝え合うこと、料理をしてくれたら「おいしいわ」「おいしいよ」とほめ合うこと、相手のよいところを言葉にして伝え合うことは人間関係を良好に保つ基本です。相手を大切に思っているのであれば、それが伝わるようなコミュニケーションを日頃から大事にしてください。

思いはきちんと言葉で伝えよう

いわなくても相手に伝わると考えているからでしょうか、外国人と比較して日本人の夫婦は言葉にして伝え合うことがじつに下手です。手をつないだり、体を寄せ合ったりといったスキンシップも大事にしません。

その結果、夫婦の仲が冷《さ》めていき、相手を大事に思う気持ちが薄れていくということにもつながっていきます。入院しても妻や夫がなかなか顔を見せないなど、寂しい関係の夫婦の姿を私も見てきました。

以前、数カ月したら自宅に帰れる、と信じて入院生活を続けていたすい臓がんの男性患者さんがいました。しかし奥さんのほうは「もうダメなのであれば、働きたいので夫は病院にずっと置いてくれ」といい、見舞いにもほとんど来ませんでした。そのご夫婦に何があったのかは知る由《よし》もありませんが、このような関係になってしまうことは何とも切なく寂しい話です。

星の数ほどいる異性のなかで、たまたま縁あって一緒になった相手です。そのことをぜひ思い出し、最後まで互いを思いやり、大切にしていただきたいと思います。

31

亡くなった大切な人との別れを受け止められなかったこと

最も大きなストレスは死別

前述したとおり、死別、離婚、別居が三大ストレスであることは、アメリカの研究から明らかにされています。

アメリカの社会学者たちが、どのようなストレスがどのくらい体によくないかを調べて点数化しており、調査結果では「配偶者の死　１００点」「離婚　73点」「配偶者との別居　65点」がワースト3となりました。その次の4番目にきているのが「留置場の拘留《こうりゅう》」ですから、どのようなかたちにせよ、伴侶との別れは留置場に入れられるよりも大きなダメージであるということです。

とくに第1位の死別ストレスは残された家族の心と体に大きな影響を与えます。伴侶を亡くすだけでなく、親やきょうだいといった肉親との死別も同様です。

心配なのは女性よりも男性

大切な人を亡くした後、多くの人は悲嘆を経験します。その悲嘆が免疫力を落としてしまうことも明らかにされています。周りの支えがなければ、喪失の悲しみから寿命を縮めてしまうといったことも起こり得るのです。

とくに妻を亡くした男性はガクンと免疫力が低下して、3年以内に亡くなる方も少なくありません。妻亡き後の男性は3年間が危険信号の時期なのです。

夫を亡くした妻の場合はどうかというと、男性ほどには喪失によるストレスは大きくはないようです。男性よりは女性のほうが長生きであることを自覚し、自分より先に夫が旅立つことは覚悟のうえであり、その夫をちゃんと見送ることができたという安心感があることが、男性ほど落ち込まない理由なのかもしれません。

とはいっても大切な人を亡くす経験は、女性の心身にも大きな影響を及ぼします。これは亡くした直後はショック状態から、悲しみを感じられない時期も出てきます。これは薄情だからではなく、大きなストレスに直面したとき体をストレスから守ろうとする正常な心の働きです。本当に危ないのは、その時期を過ぎるあたりからなのです。

悲しみから立ち直るための4段階

大切な人を亡くした対象喪失の悲しみとショックから立ち直るには、それなりの時間を必要とします。また、心が回復していく過程には段階があります。その段階を、イギリスの精神分析学者ジョン・ボウルビィは「悲哀の4段階」として、次のように定義しました。

・第1段階「情緒危機の段階」
大切な人を失ったことが信じられず、事実として受け止めることができずに無感覚となってしまう時期。ストレス反応から突発的に苦悩や怒りが現れることもある。

・第2段階「思慕と否認の段階」
失ったことを事実として受け入れ始めると同時に、強い思慕から深い悲嘆が始まる時期。亡くなった人への愛着が続き、失ったことを認めたくないとの気持ちも働く。

・第3段階「断念と絶望の段階」
大切な人がこの世に存在しないという現実を受け入れ始め、あきらめと絶望が強くなってくる時期。

・第4段階「離脱と再建の段階」

大切な人がいないことをだんだんと理解し、思い出として肯定的に捉えようとし始める時期。新しい環境や人間関係のなかで、この先の人生を生きていこうという気持ちが生まれてくる。

4段階はきれいにくっきりと分かれて訪れるわけではなく、多くの場合、重なり合いながら進んでいきます。悲しみから立ち直るまでの時間も人によって異なります。なかには長い時間がかかる方もいますが、それでもいずれは現実を受け入れて、次の一歩を踏み出していけるようになっているのが人間です。

大切な人を失った後、心がどのような経過をたどるかを知っておくことは、立ち直りへの後押しになってくれるでしょう。また自分が死んだとき、残された家族もこのような段階を経て回復していくことを知っておくと、少しは安心できるのではないかと思います。

32

自分の人生を一冊の本にしておくべきだった

自分史は歴史を残す作業

自分は平凡な人生を歩んできた、波乱万丈とは程遠い人生だったと思われる方であっても、今まで歩んできたなかには必ずやさまざまなドラマがあります。それを自分史として残しておくことはよいことだ、ということを私は折に触れ伝えています。

今は自費出版もそれほど高くありませんので、本としてまとめて残しておくことも考えてみるとよいのではないでしょうか。

本という体裁にしないまでも、これまでの人生を振り返り、記録としてまとめる作業はぜひともしておかれるとよいと思います。なぜならそれは貴重な家族の歴史、また時代の歴史を後世に残すことにつながるからです。文字として記録しておくと同時に、写真や年賀状、大切な手紙なども自分史として合わせて残しておきましょう。

長生きするための心の栄養剤になってくれる

幼少の頃の話、どのような青春時代を送ったか、どのような人と出会い、どのようなことに影響を受けたのか。また、どのような気持ちで仕事と向き合い、家族をどう大切にしてきたか。それまでの人生の歩み、そのときどきで感じたことや考えたことなどを振り返って書く作業は心を豊かにしてくれます。

そうして一冊にまとめたものは自分の宝物にもなります。読み返すことでストレスを減らし、心の薬ともなってくれます。

自分史は長生きするための心の栄養剤にもなるのです。闘病生活を送る高齢患者さんのなかには小さなアルバムを枕元において、それを繰り返しながめることを生きる気力にしている方もいます。

アルバムだけではなく、手紙や年賀状などの交流の思い出も併せて「私の人生史」として残しておけば、なおさら気持ちを強く、前向きにしてくれることでしょう。

自分が生きてきた軌跡を子どもや孫に伝えたいという気持ちは、大きな活力になってくれるものなのです。家系図もできる限り整理して残しておくとよいですね。

時代の空気を残す貴重な資料にもなる

私が自分史を残すことを勧める理由は他にもあります。先ほども触れたように、それが時代の証言者にもなってくれるからです。

私の父は戦争を体験していますが、そのことについて積極的に語ってくれることはありませんでした。父が亡くなった後、「もっと聞いておけばよかった」と大いに悔いたものです。戦争を経験した世代は、過酷な経験を思い出したくない気持ちもあるのでしょう。多くを語らず亡くなっていった方が少なくありません。

しかし日本がどのような時代を歩んできたかは、若い世代の人たちにきちんと伝え残しておくべきではないかと思います。

戦中を生きた90代の方であれば、自分の親や親戚の話、あるいはご自分が体験した戦中と戦後の暮らしをぜひ記録として残していただきたいと思います。また50代から70代であれば、祖父母や親から聞いた話、高度経済成長やバブルといった日本経済が好調だった昭和の時代を子どもや孫に伝えていくことができます。

自分の人生を振り返ってまとめていく作業は、恋愛や仕事といった個人史だけでなく、自分が生きてきた時代についても改めて見直すことになります。それは大変に貴重な歴史です。

ですからどのようなかたちであれ、自分史というものをぜひとも残しておいていただきたいと思います。

33

家庭の味を残しておくべきだった

料理レシピも立派な家族の歴史

「おふくろの味」というものも家族の歴史のひとつです。小さい頃によくつくってもらった料理、好物だった料理はいつまでも大切な思い出として心のなかに残っていくものです。

その味を再現できるようにレシピとして残し、子どもや孫の世代につないでいくこともぜひ大事にしてください。料理レシピも立派な家族の財産となります。

私も母親がよくつくってくれた料理は今でも懐かしく思い出します。料理の記憶と合わせて、食卓の風景であったり、調理しているときの親の姿であったり、当時の暮らしや両親・きょうだいと交わした会話だったりが思い出されてくることもあります。家庭の味は、このように家族の思い出とも深く結びついているものなのです。

家族への思いも合わせてレシピに

また、母は料理好きだったこともあって、雑誌から切り抜いたものも含め、料理のレシピをたくさん残していました。それを見つけたときは「夫や子どもたちのために一生懸命勉強して料理をしてくれていたのだな」と思い、母の家族への愛情を実感したものです。

今は核家族化が進み、世代を超えて家庭の味をつないでいくことができにくくなっています。家庭の味は故郷の味でもありますから、それが途絶えてしまうことは大変にもったいないと思います。

その料理をつくったときの家族の反応なども思い出しながらレシピノートをつくり、家族への思いと共に残されてはいかがでしょうか。

COLUMUN

「愛」をもって「和」を大事に

長い余生を楽しんで天寿を全うするには、「愛」と「和」の２文字が大切です。

「愛」という字を見ると、中心部に心がどっかりと座っています。また「和」という字は、垂《た》れる稲穂の様子を表した「禾」と「口」が組み合わさっており、みんなで食べものを分かち合うことを原点にしています。

人との絆《きずな》が強ければ強いほど、天国への幸せな旅立ちが待っています。大きな心をもって、愛により周囲と和を保つことが、人と争わず、よい人間関係をつくることにつながります。

5章

仕事や友人について

34

家族のためではなく、自分の人生を楽しむ仕事をすればよかった

第二の人生をどう生きるか考えよう

人生100年時代とすると、65歳で定年退職したとして、その先まだ35年の人生が待っています。35年は20歳から55歳になるまでの時間と同じですから、そう考えると定年退職をしても、これまで働いてきたのと同じくらいの時間が続くことになります。ですから第二の人生をどのように生きるかも考えていかなくてはなりません。

好きなことを仕事にしてきた幸せな方は、細くでいいですから、ぜひその仕事を続けていきましょう。いっぽうで家族を養うため、家計の足しにするため仕事を続けてきたという方も多いと思います。生活の糧《かて》を得るため仕方なく仕事を続けてきた場合でも、これまでの仕事人生で培った知恵を生かして社会に貢献すると考えれば、第二の人生も有意義なものにできるのではないでしょうか。

定年後だからこそやりたいことができる

なかには定年退職してから本当にやりたかったことを仕事にされている方もいます。知り合いにも、65歳まで会社で働き、定年退職した後に町長選に立候補した人がいました。いきなりのことで家族もびっくりしたそうですが、残りの人生は故郷のために働きたいとずっと考えていて、トップになり町をよくしていきたいというのがやりたかったことだったそうです。

家族を養うために働き、親の介護と看取りも経験し、その体験も生かして町に貢献したいという熱い思いからの挑戦で、見事に当選し、今はイキイキと町政に取り組んでいます。こうした第二の人生はまさに理想的といってよいでしょう。

若い世代が思いもつかないような発想、感性、判断力といったものが高齢者には備わっています。それまでの人生で培ってきた経験や知識がどなたにもあります。その財産を先の人生に生かさない手はありません。ぜひ生涯現役の気持ちをもち続けてください。生涯現役の気持ちを失わずにいることは生活に張りをもたらしてくれます。毎日がイキイキとしていることは健康長寿の秘訣でもあります。

35

仕事ばかりで趣味に時間を割かなかったこと

第二の人生は楽しんだもの勝ち

「六十の手習い」という言葉があるように、何かを始めるにしても歳だから遅すぎるということはありません。仕事ばかりの人生で趣味らしい趣味をもてなかったという人も、生涯現役の気持ちで新しい趣味を見つけてみる、「やりたいなあ」と思いながらもできなかったことに挑戦するなど、第二の人生を楽しむ術《すべ》を探しましょう。

60歳から100歳までの長い時間は、人生をやり直すのと同じです。そこでのテーマは「やりたかったことをやる」です。第二の人生は楽しんだもの勝ちです。

好奇心をもち続けて、おもしろそうなことにアンテナを張り「これだ」と思うものを見つけていけば、そこから思わぬ才能を発揮していくことがあります。

生涯学習を忘れなければ、生まれつきの才能や特技が花開くこともあるのです。

昔やっていたことに再挑戦するのも方法

60代から好きだった演歌を極めて、演歌歌手としてデビューした人もいるのですから、「この歳になったらダメなこと」はありません。絵を描き始めてどんどん上達し、プロ顔負けの作品を仕上げたり、俳句や短歌を始めて素晴らしい才能を発揮したりしている人もいます。人には何かしら特技があるものです。60代からでも一芸に秀でることは可能なのです。

仕事一辺倒できてしまい、今さら趣味といわれても何をしたらいいかわからないという人は、小さい頃にやっていたこと、若い頃に好きだったことをもう一度やってみるのもよいと思います。

小さいときに習っていたピアノやバイオリンに再挑戦する、習字の体験を生かして書道を習い直してみるなど、いろいろできると思います。コーラスにあこがれていたなら、同じ思いをもつ人たちとグループを組んで余生を歌で楽しむこともできます。

昔の手習いからやりたいことを掘り起こしていくのも趣味を見つけるよい方法です。そのほうが上達もはやく、やりがいも大きいことでしょう。

36

会いたい人に会っておかなかったこと

歳をとるほど友人は大切になる

男性と比べて女性は長生きです。女性の場合は、伴侶を亡くして「おひとりさま」になってからの人生についても考えておくことが大切です。

80歳から100歳までの20年間は、ほとんどの人が独居になります。しかし独居になっても、孤独にならなければ不幸ではありません。ですから孤独にならないための手立ても大事にしましょう。そのひとつが人とのつながりを絶やさないことです。

核家族化や少子化が当たり前となった現代は、子どもや孫の数も減り、自分の老後を託せる存在が少なくなっています。そのような環境において、友人の存在はますます大きくなっていきます。家族とのつながりも大切ですが、互いに支え合える同世代の友人を大事にすることも考えていきましょう。

元気に動けるうちに交流を深めておこう

仕事や子育てが一段落する50代半ばから60代にかけては、懐かしい友人と旧交を温める時間ももてるようになります。同窓会や同級会には積極的に参加し、元気に動けるうちに友人との関係を深めておきましょう。

学生時代の友人は、損得勘定なしの純粋な心で付き合ってきた仲間です。そうした間柄であるからこそ、大事な心の支えにもなってくれます。

人が最期を迎えようというときは、1週間ぐらい前から「お迎え現象」というものが起こります。そこで懐かしい人たちに会いたい、会いたいと口にする方もたくさん見てきました。しかし、その段階では時すでに遅しです。また80歳からの20年間は大切な友人を失う場面が増えていきます。

ですから電話でも手紙でもSNSでも、何かしら手段を使って交流を深めておくことは大変大事なのです。友人を大切にすることは故郷を大切にすることと同じです。古い友人や同年輩の人たちを掘り起こして、今のうちから会える人に会っておくことを大事にしてください。

37

喧嘩した人と仲直りできなかったこと

友人との和解も終活のひとつ

最期に悔いを残さない人生の送り方ということでは、何かしらの理由で連絡が途絶えてしまった人との関係修復も大切なことです。その相手が自分にとって大切な人だった場合はなおさらでしょう。

嫌いな人とは距離をおいても構いませんが、友人だった人と何かの行き違いで喧嘩になってしまって関係が断たれたというのであれば、自分から折れて仲直りしておいたほうが悔いは残りません。

60代を過ぎる頃から終活を始める方は少なくありませんが、ある時代を過ごした大切な友人と和解し、関係を取り戻すことも終活の一環ではないかと思います。こじれた関係のまま、この世を去っていくことはやはり寂しいものです。

相手を許す心の広さをもとう

男性の場合は、酒の一杯でもおごって「あのときは悪かったな」で済むことも多いのですが、女性同士だとなかなかそうはいかないようです。私の周りの女性たちを見ていると、一度関係がこじれてしまった相手とは目さえ合わせなくなります。

どうももめているなと感じると「そういうときは『青い山脈』という映画のシーンみたいに、仲直りするために自分のほっぺたを差し出して平手打ちしてもらうぐらいの気持ちが大切だよ」というのですが、そこまでして仲直りしたいという気持ちは薄いのか、「でも向こうが悪いんです」といわれるばかりで困ってしまうことがあります。しかし相手を許す心の広さがないと人間関係はどんどん狭くなっていきます。そうした状況をつくってしまい、歳を重ねてから寂しい思いをするのは他ならぬ自分です。喉に小骨が刺さったような状態ははやめに解消しておくに越したことはありません。これは相手から許しを請われたときも同じです。仲直りしたいという相手の気持ちを受け入れる度量も大切なのです。晩年を楽しんで天寿を全うするためにも、人との争いは避け、関係修復をし、人間関係を豊かにしておくことは大切なのです。

38

周忌に集まって精霊流しをするような友をもつべきだった

悲しんでくれる人の多さは豊かな人生の証し

日本には、お供えものなどをのせた木や藁《わら》でつくった小さな船や灯籠を川や海に流し、ゆらゆら去っていく精霊船をながめながら故人を偲ぶ「精霊流し」の風習が残されている地域があります。有名なのは長崎の「精霊流し」で、歌手のさだまさしさんの曲で知られるようになりました。

亡くなった人の魂を供養する行事は、残された人の心の悲しみを和らげるためにあります。その人の死を悼《いた》んで悲しむ気持ちは、故人を大切に思っていたからこそ生じるものです。そのように思ってくれる人をひとりでも多くもつことは、それだけ人を大切にし、人から大切に思われてきた証しです。涙を流してくれる人がどれくらいいるかは、人生の豊かさのバロメーターといってもよいでしょう。

死後も慕ってもらえる人であることを大切に

「亡くなった後のことは自分にはわからないのだから、そんな人がいなくても構わない」という声も聞くことがありますが、そんなふうに思いながら生きている人生は幸せかといえばそうではないと思います。

家にひきこもって、誰とも付き合いがない高齢者が増えていますが、知らないうちに孤独死をしてしまうような晩年ほど悲しいことはありません。孤独死を避けるには、生きているうちに、涙を流してもらえる関係を人との間につくっておくことが大事なのです。そうでなければ老後は間違いなく寂しくなります。

友人や知人から涙を流してもらえる人であるためには、人に嫌われない人であること、「いい人だ」といわれる人であることを心がけることです。にこやかであることを意識して、可愛げを忘れなければ人が離れていくことはありません。相手の一挙手一投足に神経をとがらせないで大らかでいることも大事です。葬式の場だけでなく、死後も「あの人が亡くなって残念だ」といわれ続ける人であること、人から慕ってもらえるような人生であることをぜひとも大切にしてください。

COLUMUN

体によくない品を山ほど口から入れるとがんになる

「癌」の字は乳がんのかたちからきています。乳がんは末期になると、患部が硬くなり岩のようになります。そこからできたのがこの字です。「癌」を分解すると病気を表す病だれ＋品＋山となります。すべての病は口から入ってきます。しかも体によくない品を山ほど口から入れるから癌になるということです。塩分のとりすぎなど、体に悪いことは避け、食事は腹八分目を心がけることが大切です。

6章

お金について

39

遺産をどうするか決めなかったこと

負の遺産も相続の対象になる

入院患者さんを見ていると、やはり遺産相続は問題になります。わずかでも資産があると、相続を巡って病室内が骨肉の争いになるといった話は後を絶ちません。

遺産分けでもめるのはもちろん、なかには相続人の側が「遺産を受け取りたくない」といい出すケースもあります。

あるおばあちゃんは3000万円の資産をもって入院してきましたが、その唯一の相続人である甥《おい》が私に「相続したくないから、自分の存在は誰にも言わないでくれ」といってきてびっくりしたことがありました。

聞くと、現金資産は3000万円あるけれど、マンションか何かを建てたときの借金が数億あり、それを継ぎたくないというのです。

遺産相続では、負の遺産があればそれも相続しなくてはなりません。3000万円と引き換えに、その何倍もの借金を相続する気にはなれないという気持ちはよくわかります。相続人が相続放棄をすれば資産は国のお金となってしまいます。おばあちゃん亡き後、大事にしていた3000万円もその運命をたどりました。

借金は家族に内緒にしない

残された人がいちばん困るのは、親が内緒でつくった借金です。知らないうちに自宅を担保にして300万円を借りていた。息子の知らない間に、親がこのような借金をつくっていたといった話は珍しいことではありません。

使い道の大半は生活費です。自分が亡くなったときに家と引き換えに処分すればいい。このように考えているのでしょう。

いつの間にか子どもの名前が保証人に使われていたケースもあります。実家は担保にとられ、保証人にまでさせられていることを知って子どもの側が激怒してしまい、子どものほうから親子の縁を切ってしまった家族もありました。

何年も断絶状態にあるとはいえ家族は家族です。亡くなったことを子どもに知らせたら3日ほどして病院に現れ、「親不孝をしたかもしれないけれど、あのときは許せなかった。でも考えてみればささいなことなのだから、生きているうちに和解しておけばよかった」と泣きながら悔やんでいましたが、親が亡くなってしまっては後の祭りです。

親子断絶したまま、この世を去るのは逝くほうも残されたほうも不幸でしかありません。借金をしたのであれば、正直に「預金はあるけれど、借金もあるから自分の財産は相続できない」ということは伝えておくべきでしょう。

死亡後、3カ月以内に相続放棄の手続きをすれば、子どもは負の遺産を相続せずに済みます。黙っていれば、借金も子や孫が相続することになってしまうのです。

希望があるなら遺言書を残しておく

また、遺産相続に関する話ではこのような方もいました。入院してきた90代の女性でしたが、うちの病院の看護師長をえらく気に入ったのか、ある日「資産が1000万円あるから、あなたに残そうかしら」といってきたのだそうです。冗談でいっているのだろうと思った師長が「あら、じゃあ私、養女になろうかしら」と冗談で返したところ、どうも本気でそういっているらしい。

話をよくよく聞くと身内は姪がひとりだけ。ところがその姪がまったく自分の世話をしてくれないことで折り合いが悪く、「あの姪にだけは自分の財産は渡したくない。私が死ねば財産が姪に渡ってしまう。それだけは絶対にイヤだからあなたに自由に使ってもらいたい」とおっしゃるのです。

もちろん師長としては申し出を受けることはできません。そうこうしているうちに容態が悪くなり、その方は亡くなってしまいました。銀行口座が凍結されて法定相続人を探した結果、その方が言っていたとおり姪以外に相続人はいませんでした。

彼女が入院している間、その姪は一切姿を見せることなく、私たちが唯一顔を見たのは私物を引き取りに来たときの1回だけです。しかし財産は結局、その方が「絶対に渡したくない」といっていた姪の手にすべて渡ってしまいました。

もしも生前に遺言書を作成しておけば、法定相続分はいくらか渡ったとしても、いちばん残したくない相手に全額がいってしまう事態は避けられたことでしょう。遺産をこうしたいという思いがあるなら、遺言書を残しておくことをお勧めします。

40

もっと自分のためにお金を使えばよかった

親の金が親のために使われないことも

年齢を重ねてお金のやり繰りをするのが面倒になってきた、あるいは自分に何かあったときに治療費や入院費で子どもが困らないようにと、お金を子どもに預けて管理してもらうことを考えている方もいるかもしれません。しかし、たとえ子どもとの関係が良好であっても安心できない場合があります。

子ども世代も教育費や住宅ローンなどで生活が苦しい状況です。親の金を親のためではなく、自分たちのために使ってしまう子ども世代を私もたくさん見てきました。働いていない子どもやきょうだいと同居している人はなおさら悲惨です。

通帳を渡したら最後、預金を使い果たされるだけでなく、口座に振り込まれる年金や生活保護費も使い込まれて、費用の安い病院や施設を転々とさせられる人もいます。治療に必要なお金も小づかいで使われてしまうわけですから、何ともやるせない思いになります。

自分のお金は自分で管理することが基本

こうなると医療機関の側も困ります。治療費を払ってもらえないリスクが出てくるからです。「白衣を着た取り立て人」となって支払い請求をすれども、親・きょうだいのお金でのほほんと暮らしている人間ほど、のらりくらりと支払いから逃げ回ります。だからといって、治療費未払いを理由に病気の人を追い出すといった冷酷なことなどできるわけもなく、未収金を抱えて泣き寝入りしている病院やクリニックは結構あるのです。

自分が困らないため、誰かを困らせないためにも、自分のお金は自分で管理することが基本です。突然倒れてそのまま入院という事態に備えて、元気なうちに法的な後見人をつけておくのもよいでしょう。

信頼できる第三者に、何かあったときの金銭管理を任せられるように準備しておくことも、考えてみてはいかがでしょうか。

41

もっとお金をかけて楽しく過ごすべきだった

自分のお金は使い切るという考え方も大事

女性のなかには、お金の管理が苦手な人もいます。コツコツ貯めてきた大切なお金を捨てるようなかたちにして亡くなっていく方が少なくないのです。

今は70代、80代であっても、余生が10～20年あります。子ども世代も60～70代になっており、高齢の自分が倒れても子ども自体が経済的・体力的にどうにもできないケースが増えていきます。世のなかの状況を考えれば、虎の子として後生大事に持ち続けるより、自分のために使うことを考えてはいかがでしょうか。お金はあの世にもっていけないのですから。

遺産相続でお金をもらって当然と考えている子どももいるようですが、今は時代も違います。自分の資産は、自分の代で使い切るという考え方もあってよいのではないでしょうか。

ケア付き介護施設で悠々自適に余生を楽しむ

私の知り合いに、ご主人が残してくれたお金を大事に貯めて介護施設に入り、95歳までは趣味を楽しんで、悠々自適《ゆうゆうじてき》に暮らすと決めた方もいました。

2人の子どもを呼んで、「家も預金も少しはあるけれども、あなたたちには残すつもりはない。借金はないのだから自分たちで残りの人生をやっていきなさい。あなたたちに一切迷惑をかけないように家を売ったお金と預金でケア付き介護施設に入ります。万が一残ったら、そのときは使ってちょうだい」と伝え、1カ月の入居料が30万円くらいの有料介護施設に入って、たまに息子さんたちと外で食事をしたり、趣味の麻雀やカラオケ、ダンスを楽しんだりして余生を謳歌《おうか》しています。資産があるならあるで、こうしたお金の使い方、残りの人生の生き方もあると思います。

年齢を重ねれば海外旅行もそうそうできません。国内旅行も体力的にしんどくなっていきます。贅沢まではいかないけれど、趣味を生かして楽しく残りの人生を送る。そのためにお金を使うのもありでしょう。

42

年金のことを考えないで生きてきたこと

年金だけでは暮らせない時代

年金は今、問題が山積みの状況です。国民年金に加入していた場合、年金の最高額は現在月6万5000円です。女性でも、若いときに2~3年ほど勤めた経験がある方は厚生年金が若干つきますが、それでも総額は7万円程度です。

ところが首都圏の家賃は1Kほどのアパートでも平均8万円はします。年金をもらっても家賃さえ払えません。7万円の年金で、家賃を払いながらどうやって生活するのか。どう逆立ちしても無理なことは明らかです。

ここ最近、政府が60代以降の老後生活資金として2000万円貯めなさいということをいい出しました。これだけあれば大丈夫なんていっていますが大間違いです。

60歳から100歳まで生きると仮定して必要なお金を計算してみると、1億円あっても足りません。

年金については、財源をどうするか、制度をどうするかなど、もっと根本的に考え直していく必要があります。とはいっても、中高年世代にそんな議論を待っている時間的余裕はありません。

年金はもらえないものと思って事前に手立てを

とくに女性は男性と比べても年金額が低くなりがちです。フルタイムで働き続けている方は別として、多くの場合、女性は働いたとしても厚生年金のつかないパート勤め、年金は夫の厚生年金に加入というケースが少なくないでしょう。

その厚生年金も、現在の80代以上は夫婦で25万円程度はもらえますが、70代は15万～17万円に減っています。しかも夫に先立たれた場合、妻がもらえる遺族年金はおよそ半額程度になってしまいます。

団塊の世代が後期高齢者となる2025年以降は、もっと厳しい現実が待っていることでしょう。ですから年金はもはやあてにならないものと考えて、一日でもはやく手立てを打っておかれるべきです。少しでも預貯金を殖やしておくことを考えてください。

国や自治体は生活保護をできるだけ受けさせたくないと考えていますが、現実的に、6万5000円なり7万円なりの年金をもらったとしても生活できない以上、年金は思い切って考えずに生活保護を受給するという選択もあると思います。

生活保護でもらえる金額は、自治体によって異なるものの、おおよそひとり月12万~15万円となっています。そのなかには部屋代も含まれています。家賃を抜いたとしても数万円は手元に残りますから、何とか生活することができます。

預金があることを伝えていなかったために

ただしへそくりに関しては注意も必要です。せっせと100万円、200万円を貯めてきたのに、突然の入院でかわいそうなことになってしまった話がたくさんあるからです。

突然倒れてそのまま入院となってしまった78歳の女性も、爪に火を灯すようにして貯めた200万円をタンスのなかに隠していました。子どもたちは遠方に住んでいたため、生活状況がつかめなかったようです。女性は借家でのひとり住まいだったので、親はお金をもっていないと子どもたちは思ったのでしょう。倒れたことを知って、あわてて生活保護の手続きをとってしまったのです。

女性はそのまま病院から施設入所となり、借家を解約して荷物と財産を整理する必要が出てきました。家族は遠方にいてそれができないということで、入所手続きを担当した福祉事務所の人間が部屋に入り整理することになったのですが、そこでタンスのなかにしまってあったへそくり通帳と印鑑が見つかってしまったのです。

生活保護では預貯金は原則認められません。財産整理で預貯金があることがわかると、生活保護をやめるか、預貯金をあきらめるかの二択を迫られます。結局、その方はコツコツ貯めたお金をあきらめざるを得ず、へそくりは生活保護費から減額されることになりました。

こうした切ない話は私の病院でもよく聞きます。家族と離れて暮らしている場合、万一のために用意してあるお金があるなら、必ずそのことを伝えておくべきです。この女性のように、家族が知らずにあわてて生活保護の手続きをとるといったことも防ぐことができるのです。

43

火葬代の最低20万円は貯めておくべきだった

お金も身寄りもない人のための葬祭扶助制度

経済的に困窮していて葬式費用が出せない人、生活保護を受けている人には、国が葬式費用を負担してくれる葬祭扶助という制度があります。負担してもらえる額は大人20万6０００円以内、子ども16万４８００円以内が公定価格です。

生活保護は、あくまで生活している間だけ支給されるものですから亡くなった瞬間に支給は終わります。その後の死後の費用は火葬代も、葬式の費用も、埋葬代も出してもらえません。

身寄りのない人が亡くなった場合も火葬代などを出してくれる親族が誰もいませんから、その方が亡くなった場所の市町村が、その費用を負担しなさいと法律で決められています。たとえば現住所が北海道であっても、横浜の病院で亡くなれば横浜市が費用を負担することになります。

自治体によっては出し渋りするところも

ところがときに自治体同士でもめることが出てきます。

80代のある女性もそうでした。現住所と亡くなった病院が別の自治体であったため、現住所のある自治体Aと病院がある自治体Bとで「そちらが払え」と押しつけ合いが勃発し、どちらが払うのか一向に決まらない事態に陥ってしまったのです。

法律にしたがえば、費用を負担するのは病院がある自治体Bのほうです。それにもかかわらず、「現住所はそっちなんだから、自治体Aのほうで責任をもて」などといい、支払いを渋ります。しまいには「本当に身内がいないのか、もっとしっかり探してください」といい出す始末です。

そのとばっちりを受けるのが葬儀屋さんです。決着がつくまで、ドライアイス代や火葬代は葬儀屋が立て替えなくてはなりません。なかには、どちらの自治体が払うのか決着がつかず、6カ月もの間遺体を氷漬けにして預かったこともあるというのですから驚きです。

その女性の場合、よくよく調べていくと遠く青森に血縁者がいることがわかりました。そこで連絡をとったところ、関係の希薄さを理由に引き取りを拒否されてしまいました。理由があれば引き取りをしなくてよいとの法律があるため、引き取り拒否をされれば無理強《じ》いはできません。

これでいよいよ自治体が支払わなくてはならなくなり、葬儀屋が何度もかけ合ってようやく病院のある自治体Bが渋々ながら払うことに同意しました。ところがそこでも値切られ、最終的に支払われた額は15万円だったといいます。

最低でも20万円は現金で用意しておこう

自治体は基本的にコストカット優先です。何とか費用負担を減らしたいと考えますから、なるべく払わなくて済む方向にもっていこうとします。生活保護の人が入院している間のオムツ代、歯磨きや石鹸やお茶といった必要最低限の身の回り品代なども、自治体によっては「うちは出さないので病院もちで」といってくるところがあります。

何にいくら払うかは自治体によってまったく違います。「いいですよ」とさして文句もいわずにお金を出してくれる自治体もあれば、ケチなところはとことんケチで細かいことをいい出します。こうした自治体は火葬代の負担額も他と比べて安いことが多いのです。自治体にこうした違いがあることは多くの方が知りません。

気の毒なのは、亡くなった後も火葬や埋葬をしてもらえず宙ぶらりんになってしまう故人たちです。

自分がそのような状況にならないためにも、もし生活保護を受けるのであれば、火葬代が満額出るかどうかについて生活保護の申請時に確認しましょう。合わせて頼るべき身寄りがない方は、スムーズに事を進めてもらうため、少なくとも火葬に必要な20万円を現金で用意しておきましょう。

ただし生活保護では基本的に個人の資産が認められていません。裕福な自治体だと、多少のへそくりは「個人のお金ですから小づかいできれいに使ってもらって構わない」と太っ腹なところを見せてくれる場合がありますが、大抵は没収されてしまいます。ですから信頼できる人に現金を預けておく、入院時に病院に預けておくといったことが大事なのです。

44

60歳を過ぎたときから老後の医療費はへそくりしておくべきだった

月の医療費総額は10万円前後が目安

入院したときの医療費の自己負担がいくらかかるかは、年齢や入院先の病院によって変わり、一概にはいえません。

現在のところ、医療費の自己負担割合は、70歳未満の人が3割、70歳から74歳までの人は2割、75歳以上の人は1割となっていますが、入院になると医療費以外にも3食の食事代や雑費、場合によっては差額ベッド代なども必要となります。

医療費に関しては、一定額を超えると超えた分を国が負担してくれる「高額療養費制度」というものもあり、たとえば70歳以上だと、自分で払う額の上限は5万7600円（年収370万円以下。複数回の場合は4万4000円）で済みます。それも考え合わせると、食事代や雑費、差額ベッド代などを含め、東京や神奈川などで月12万

〜20万円、全国平均にすると8万〜10万円の間が目安となるでしょう。

月1万円でいいから貯蓄スタートを

60歳から1カ月で1万円ずつ貯め始めても、1年で12万円、10年で120万円のお金が貯蓄できます。70歳の時点で120万円あると、もしもその後に入院治療が必要になったとしても何とかなります。入院・治療で月10万円必要だったとしても、1年間は用意したお金でカバーすることが可能です。

もし貯金がなくなり、年金では額が少なすぎて入院・治療費には足りないとなったら、そこで生活保護に切り替えてもよいのです。生活保護に変わったとしても、生活保護費から治療費が出されるので、必要な治療は引き続き受けることができます。

高齢になればなるほど病院との縁も深まります。亡くなるまで病気とは無縁で、一切病院のお世話にならなかったという人はほとんどいないといっていいでしょう。

これまでお話ししてきたとおり、老後ほどお金がより大切になってくることは間違いないことですから、貯められるうちに必要最低限の額は準備しておくに越したことはありません。「地獄の沙汰も金次第」というのは案外現実に近いのです。

COLUMUN

「安心」「安らぎ」の要は女性

安心の「安」の字は、うかんむりと女で構成されています。うかんむりは家を示します。すなわち家のなかに女性がいて、しっかり支え守ることを表しています。女性がしっかり家族を守り、家計を守り、すべてを守る中心となっていることが、人間社会の安心の原点であることをこの字は教えていると私は思います。

家庭は人間社会の最小コミュニティです。その中心はやはり女性なのです。女性が支えるからこそ、家が「心安らぐ」場所となります。

ただしパートナーとの間に遠慮がなさすぎて、あまりに「心安し」になると不和につながります。「親しき仲にも礼儀あり」を忘れず、互いを大切にしてください。

7章

最期の迎え方について

45

末期の水の重要性を知っておくべきだった

人が最期に欲しがるのは「水」

末期《まつご》の水とは、お釈迦様が病に倒れて亡くなるときの逸話からきています。お釈迦様が「水が飲みたい」と訴え、それを聞いた弟子たちは遠くの山や谷から清らかな水を運んできて、お釈迦様の口に含ませました。すると、その水をいかにもおいしそうに飲み、「ああ、うまい」といってあの世に旅立たれていったそうです。

これが仏教の風習として伝えられ、人が亡くなるときに脱脂綿やガーゼに新鮮な水を含ませて唇を濡らしてあげる末期の水につながっています。

末期の水は宗教的儀式として捉えられている側面がありますが、それだけではありません。人の体は、いよいよ最期を迎えるときに水を欲するのです。

人間の体の65％は水でできています。その大半が血液として体内を巡り、細胞に水分を届けています。水が枯渇することは細胞にとって苦痛です。そのため最後の最後まで体は水を欲するのです。

末期の水は逝く人への愛情を確認する行為でもある

末期の水をあげても、ターミナルステージ（末期《まっき》）を迎えた方には、もう唇の上の水分でさえ吸い込む力はありません。それでも脱脂綿で唇を濡らしてやることは、その行為そのものが最期の別れに際しての愛情表現のひとつなのです。

水が失われることの苦しさを和らげ、癒してあげることで、大切な人とのお別れに対する心の準備をしつつ、家族としての絆や愛情を改めて確認するという意味合いも、末期の水にはあります。

ですから、できる限り家族の手で末期の水を与えてあげることが望ましいのです。最近は病院で最期を迎える方が増えたことで、家族に代わり、看護師が末期の水をとることも多くなってきましたが、私としてはできるだけ家族の手で水をあげてほしいと思います。それが逝く人にも残される人にも安らかな看取りとなるからです。

46

お迎え現象について知っておけばよかった

突然回復する「中治り」現象

長年、臨床の場で多くの患者さんたちの最期を看取ってくると、人の命の不思議を実感することも多いものです。

たとえば意識が朦朧《もうろう》として、口から食べることもできず、ひたすら眠り続けているような状態で、患者さんが突然目を開け「水が飲みたい」「アイスクリームが食べたい」「トイレに行きたい」などと訴えることがしばしばあります。

臨終を間近にして急に元気を取り戻すため、家族はびっくりして、もしかしたらこのまま治るのではないかと期待されるのですが、残念ながらこれは、私たち医療の現場にいる者が「中治り」と呼んでいる、命の灯《ともしび》が燃え尽きようとしているときに起こる現象のひとつなのです。

いろいろな「お迎え現象」がある

中治り現象はロウソクの火にたとえられることも多く、燃え尽きる寸前のロウソクの火がひときわ強く明るく輝くように、消えゆく前の最後の命の燃焼といってもよいものです。海外では車のレースにたとえて「ラストラリー（Last Rally）」とも呼ばれます。砂漠を走る自動車ラリーのゴールに向けた最後のひとがんばりという意味でしょう。

人間の本能には「食欲」「性欲」「集団欲」の3つがあると述べましたが、この本能は生命が燃え尽きる最期の瞬間までなくなることはありません。人の命は最期まで生命を維持しようとし、食べたい、飲みたいという意欲を失わないのです。臨終間近に突然食欲が回復する「中治り」現象は、「食欲」の本能の力が失われないことの証左ともいえます。

同じように臨終間近になると、「集団欲」の本能が引き起こす現象があります。「お迎え現象」と呼ばれているものです。

そのなかでも大変多いのが親しい人、親しかった人が会いに来たというものです。

実際には来ていないのだけれども、病室の入り口に娘が立っていた、孫が会いに来てくれた、何十年振りかで友人と会ったといい出す方がたくさんいます。

また赤ちゃんについて口にすることも男女を問わず多くあります。看護師が「横で寝ている赤ちゃんをベビーベッドに連れて行って寝かせてほしい」「背中の赤ん坊をおろして寝かせてくれないか」と頼まれることがしばしばあるのです。

いずれも夢と同様、脳がつくる幻覚なのですが、そのベースにあるのが記憶です。人恋しさから脳のなかに残っている古い記憶が呼び覚まされ、その人が会いに来てくれたという「お迎え現象」をつくるのでしょう。赤ちゃんについても、子育て時代を懐かしみ、幸せだった記憶が脳のなかで蘇《よみがえ》っているのかもしれません。

また、これも不思議なのですが、お墓の掃除に行きたい、お墓参りに行きたいという「お迎え現象」もよくあります。

ひとり暮らしのおばあちゃんが「お墓の夢を見たから、お墓の掃除に行きたい」と親族に訴え、「遠いから無理よ。亡くなった後にちゃんと行かれるからそれまでは心配しないで」と冗談交じりで返したところ、本当に2週間後に亡くなったという話もあります。

大切な人と過ごす時間を大切に

その他、お坊さんが行列して壁のほうに歩いて行った、看護師さんの後ろに誰かがいて一緒に入ってくるという話も多くの方が口にします。これらも「お迎え現象」のひとつなのでしょう。こうした言葉が患者さんの口から出てくると、そろそろだなと私たちも覚悟をするのです。

なぜだか妻に会いたい、夫に会いたいという話は聞かないのですが、子どもや孫に会いたい、会いに来てくれたと「お迎え現象」を口にする方は本当にたくさんいます。

人は、最期を迎えようとするとき、無意識に今生の別れが近いことを察知して、大切な人たちにもう一度会っておきたい、できれば大切な人たちに看取られながらあの世に旅立っていきたいと思うものなのでしょう。

子どもや孫の夢をよく見るようになったら、それが実際に「お迎え現象」なのかはさておき、「もしかすると、そろそろお迎えがくるのかもしれない」との思いで、大切な人たちと過ごす時間をもつことを大事にしていただきたいと思います。

47

自宅か病院か、最期の場所を決めておくべきだった

在宅で最期を迎えられるのは13％

多くの人が望むのは、在宅で親族に見守られながら亡くなることです。理想は、畳の上でのぽっくり大往生でしょう。

しかし現実を見るとなかなかそうはできません。厚生労働省のデータでも明らかとなっていますが、国民の全死亡者のうち約80％は病院で亡くなっています。残りの約20％が介護施設か在宅ということになりますが、このうち在宅で最期を迎えられる人の割合は13％ほどです。昔はそうではありませんでした。現代とは逆に在宅で亡くなる人が約83％で、病院で亡くなる方が約12％だったのです。数字がこのように大逆転するようになったのは、やはり家族構成の変化からきているといえます。

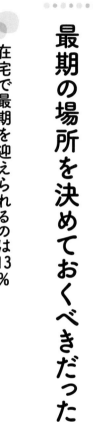

在宅医療・介護がむずかしい理由

自宅で死ねないいちばんの理由が核家族化です。かつて多くの方が在宅で看取られてきたのも大家族だからできていたことです。ご近所との関わりも深く、家族・親族・近隣の人たちの手がたくさんあったことで、看病から看取りまでが可能だったのです。しかし核家族化で親子の住まいが別々に離れている状況が増え、少子化で親族や子・孫の数が減っている現代はそうはいきません。自宅にいたくても、自分の身の回りの世話をしてくれる人がいなければ在宅介護も在宅死もむずかしくなります。

一方で国は在宅医療・介護を推進しようとしています。地域包括支援センターを増やし、医療、介護、看取りまで一括でできるようにしています。しかし在宅医療・介護ではマンパワーが必要です。医療現場も人手が足りず、緊急のときに医師と看護師が自宅に駆けつけられるような24時間体制をとることはほぼ不可能です。

生活援助でヘルパーなどの手を借りたとしても、夜間の介護などは身内が行うことになります。交代で世話をするにしても、介護者が倒れないためには少なくとも3人は人手が必要でしょう。現状では在宅での介護や看取りは厳しいのが現実です。

在宅を選ぶなら考えておきたいこと

もし自宅での最期を考えるのであれば、それが可能となるように元気なうちから手立てをこうじておく必要があります。まずは地域包括支援センターに相談して、公的介護に頼ることを考えましょう。それから、かかりつけ医を見つけておくことが何よりも大事です。何でも診てくれる総合診療医を見つけておけば大病院を紹介してもらえますし、病院から支援センターにつないでもらうこともできます。介護離職をして24時間面倒を見る子ども世代もいますが、精神的・肉体的疲労がたまり、経済的にも生活が破たんするケースが後を絶たないため、介護離職だけはお勧めしません。どれほど貯金があっても間違いなく金銭的に行き詰まります。私たちも、子ども家族が夜逃げをしたり、自ら命を絶ったり、年老いた親だけが病院に残される悲痛な姿を見てきました。とくに50代を過ぎての介護離職は絶対にしてはいけません。

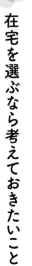

病院なら緩和ケアが受けられる

国の方針には反しますが、私は病院で死ぬことも選択肢のひとつとして考えてよいのではないかと思います。在宅が無理なら介護施設で最期をという方は少なくありませんが、介護施設では治療はできないため、病気になれば併設の病院か提携先の病院で治療を受けることになります。いずれにしても最期は病院になるのです。

なかには病院死にまだまだ抵抗を覚える方もいらっしゃるかもしれません。しかし病院だからこそ、在宅や介護施設ではできないことが提供できるのも事実です。

きちんとした治療もそうですが、最たるものが緩和ケアです。病院や診療所できちんとした薬を使い、最期のときに苦痛や痛みを取り除きながらあの世に送ることは病院にしかできません。苦痛もなく、家族に看取られて旅立っていけるのはご本人にとっても楽で幸せなことではないでしょうか。

費用の面でいっても、病院に入院するより在宅での看取りのほうがお金はかかります。医師が往診をすれば、1カ月にかかる費用は50万円にもなります。3割負担として、家族には月15万円の実費がかかるのです。

そうした現実も考えて、最期をどこで迎えるか決めておくことが大切でしょう。今は本などもたくさん出ていますので、事前に勉強し、情報をしっかり集めて考えておかれるとよいと思います。

48

孤独死しないための方法をもっと考えておくべきだった

独居と孤独は違う

孤独死というのは、誰も知らないまま亡くなっていくことをいいます。自宅で亡くなり、死後2日以上経ってから発見された状況を孤独死として定義すると、日本全国で3万人近い方が孤独死をしているとの民間データもあります。

孤独死に陥るのは圧倒的に男性といわれますが、女性も皆無ではありません。核家族化が定着し、ひとり暮らしの高齢者の数がうなぎ登りとなっている昨今、独居から孤独死への道はどんどん近づいてきています。

高齢になれば独居は誰にも訪れます。配偶者がいたとしても、相手に先立たれて、なおかつ子ども世代は別の地域に住んでいるとなれば独居は避けられません。けれども独居と孤独は違います。大切なのは孤独にならないことなのです。

孤独死は痛ましいことが多い

私もこれまで何人も孤独死した人の話を耳にしてきました。孤独死は例外なく寂しい死に方です。誰にも知られずにひっそり息を引き取り、異臭をきっかけに発見され、その時点で死後数日、数週間経っていたということも普通です。

知り合いにも、晩年になってから経済的に困窮し、孤独死をした女性がいます。年老いて寝たきりのお母さんと2人暮らしでしたが、痛ましいことに子どもである彼女がお母さんの上にかぶさるようなかたちで2人とも亡くなっていたそうです。発見されたときは死後1カ月が経っており、死因は栄養失調による死、すなわち餓死でした。この時代であっても餓死は起きるのです。

また、ペットを飼っていたひとり暮らしの人でこのようなケースもありました。小型犬を2匹飼っていた人が孤独死をし、ご主人が亡くなってエサをもらえなくなった犬たちはご主人の体を食べて生き延びていたというのです。人を食べてしまった犬は、もう人間の元で飼うことはできなくなります。生き延びたにもかかわらず保健所で殺処分となってしまいます。孤独死はペットにもかわいそうな結末を招くのです。

孤立は孤独につながる

孤独死となる最大の理由は、人とのつながりをつくっておかなかったことにあります。独居になっても友人関係が多い人、出歩いて人と付き合えるような人は孤独になりません。そうではなくひとりで閉じこもってしまう人が孤独になるのです。

哲学者の三木清氏が「孤独は山になく、街にある。一人の人間にあるのではなく、大勢の人間の『間』にあるのである」(『人生論ノート』所収「孤独について」より)と述べているように、人の多い大都会ほど人とのつながりが薄く、閉じこもりから孤独へとつながっていきやすくなります。

孤独な人は短命になります。自然の摂理からするとすべての生きものは群れて生活するようにできており、人間も例外ではありません。

人もひとりでは生きていけないわけですから、孤立してしまうと孤独のストレスから免疫力が下がり、命を縮めてしまいます。高齢で孤立となれば、足腰が弱くなったり、持病をもつようになったりして衣食住も成り立たなくなっていきます。少しでも孤立しないようにするには、自分の家族や親族を大切にする、周りの人を大事にするしかありません。

人とのつながりをしっかりつくっておく

親類縁者がいるのであれば、何かあったときはお互いに助け合うことを意識して、電話をかけ合う、たまには食事をする、親族の集まりには顔を出す、孫を大切にするなどして、しっかりつながりをつくっておきましょう。

頼れる身内がいなければ、友人やご近所さんとの関係を大切にしておくことが重要です。具合が悪くなって動けないようなときも、友人や近所の人との関係があれば助けてもらうことができます。ひとり暮らしであればお弁当の宅配を契約するのもよいでしょう。

「いつも顔を見せるのにどうしたのかしら」と心配して様子を見に来てくれる人、「数日応答がなくておかしい」と気づいてくれる誰かがいれば、何かあったときにそのまま孤独死するといったことは避けられると思います。

49

無縁仏にならないよう生前に考えて行動すべきだった

無縁仏となったときは

ひとり暮らしで身寄りのない人、孤独死をして身元が判明しない人は無縁仏として埋葬されることになります。

引き取り手のいない場合でも、前述したように、火葬と葬儀は自治体が行ってくれます。遺骨の管理やお墓についても自治体もしくは委託された寺院で行ってくれます。火葬された遺骨は小さな骨壺に入れられ、自治体の遺骨預かり所で一定期間だけ保管されます。保管期間は自治体によって異なり、5年のところもあれば1年というところもあります。この間に自治体の職員によって戸籍から親族や引き取り手が探されるのですが、引き取り手が見つからないときは、合祀《ごうし》というかたちで霊園などの無縁墓に埋葬されることになります。

無縁仏にならないために

無縁仏となる人たちの話を、私の病院と付き合いのある葬儀会社の社長に聞いたとき、いちばん心を痛めたのは遺骨のことでした。

家族に見守られて荼毘《だび》にふされた遺骨は、大きな骨壺に大事に納めてもらえます。しかし無縁仏となられた人は、小さな骨壺にほんの一部が納められるだけです。残りは、おそらく廃棄物として処理されているのでしょう。遺骨預かり所で安置される際も、お骨を粉砕して体積を減らす場合があるそうです。ひとりの人が懸命に生きてきた最後がそれか、と思うと胸が痛みます。亡くなった方も浮かばれないでしょう。

預かり所で預かっている間に親類縁者が見つかり、引き取ってもらえるケースもありますが、実際にはその数はわずかです。

また、自治体の職員が探して縁者が見つかったとしても、必ずしも引き取ってくれるとは限りません。「生前の付き合いがほとんどなかった」、あるいは借金の問題や人間関係のこじれなどを理由に引き取りを拒否されることがあります。

なかには家族であるのに、すでに縁を切っているから関わりたくないといって引き取りを拒否されるケースもあります。

万が一、後になって気が変わり引き取ろうとしても、無縁仏として合祀されてしまえば、本人の遺骨だけを取り出して埋葬することはできなくなります。いろいろ考えると、やはり無縁仏になることは避けたいものです。

家族との絆は断ってはいけない

「絆」という字は、「糸」と半分の「半」からできています。もともとは犬や馬、牛といった動物をつなぎとめておくための綱から来ている文字ですが、そこから人と人との離れがたい結びつきを意味するようになりました。

強い結びつきでつながっている相手となると、やはりいちばんは家族です。人との絆を大切にするということを考えるとき、真っ先に強い絆を結ぶべきは家族なのです。

どのような理由があろうとも、その絆を断ってしまってはいけないのです。絆を断つことは、孤独死や無縁仏といった切ない人生の結末につながってしまいます。

パートナーももちろんですが、子どもや孫との関係は日頃から大切にしましょう。

親類縁者との付き合いも深めておきましょう。

同時に、死後の負担を誰かが負わなくていいように、生前から人生の後始末を考えて準備もしておいてください。少なくとも葬儀やお墓のことは、生前に自分自身が考えて用意しておかなくてはなりません。お墓さえあれば、万一何かあっても無縁仏のような悲しい葬《ほうむ》られ方はしなくて済みます。

入るお墓がない方はとくに、元気に動けるうちに永代供養墓に申し込んでおくなどの準備をしておきましょう。「立つ鳥跡《あと》を濁《にご》さず」です。

50

弔いや法事をする意義をなぜもう少し考えられなかったのか

初七日・四十九日・百箇日の意味

近年は、仏教の場合葬儀の際に初七日や四十九日の法要まで合わせて行うことが増えてきました。誰もが忙しいため何度も弔《とむら》いに集まれない、費用やお坊さんの手配といった手間を少なくしたいなどが理由のようですが、法要の意味を知らない人も出てきています。

初七日は、死者がお花畑を渡り三途《さんず》の川にたどり着く日です。あの世に無事に渡れるようにと願って法要を行います。四十九日は、この世とあの世との挟間《はざま》をさまよう魂が安らかに成仏できるように祈ります。百箇日《ひやっかにち》は死者が新しい仏としてこの世を去り、天国で安住の地を得る日とされています。

続く一周忌は喪明けの日とされ、三回忌の法要によって亡くなった人は完全に天国の住人になれるとされています。

弔いは残された人たちのためのもの

人が亡くなった後の仏教的な弔いには、このようにそれぞれ意味合いがあります。葬儀や法要を考える際には、そのこともまずはきちんと知っておくべきでしょう。弔いはこの他に七回忌、十三回忌と続き、今は三十三回忌をもって弔い上げとするのが慣例です。

これほど長きにわたって故人を弔い続けるのは、亡き人の魂の冥福を祈るばかりが理由ではありません。もちろん、それぞれに宗教的意味合いはあるのですが、弔いは他ならぬ残された人たちのために行うものなのです。

大切な人を亡くしたのち、人は対象喪失から「喪の心理」に陥り、強いストレスによって免疫力を低下させてしまうというお話をしました。親類縁者や親しかった友人が集まり故人を弔う行事には、その心理的ストレスを和らげる役割があります。

三回忌までがひと区切りとなっているのも、喪失による悲嘆から徐々に回復し、心身ともにひとまず安心な状態になれる時間がこのくらいだからです。そういう意味で、それぞれの法要の時期はよく考えられているともいえるのです。

供養は人のためならず

弔いや供養というと、死者のために手を合わせるものとばかり考えられがちですが、じつは死者のためだけにあるのではありません。弔いや法事といった供養に参加する意義は、個人を弔う以上に自分のためでもあるのです。

自分の心の安らぎを求め、病魔から体を守ることにもつながるという点から、「供養は人のためならず」なのです。

弔いや法事には親類縁者が集まります。自分もこの親類縁者の一員として生きてきたということを改めて実感し直し、疎遠になりがちな親類縁者たちと旧交を温め直す場にもなります。そして、こちらもまた普段は疎遠になりがちな友人たちとも顔を合わせる場になります。

故人を偲《しの》びながら語らい、食事をしつつ互いの近況を報告し合い、自分たちももう少し長生きしよう、そのためには元気でいなくてはねといい合って、気持ちを新たにする。供養の場には、故人のための宗教的な儀式という以上に、そのような役割もあります。

ですから初七日や四十九日、百箇日を省略する昨今の風潮はあまり感心できません。

大切な人たちのためにも弔いの場を大事に

自分亡き後のことを考える際も、「供養は人のためならず」を忘れないようにし、弔いの意義や果たしている役割について思いを巡らせていただきたいと思います。

残された人たちへの負担を考えて、葬儀はしなくていい、法事もいらないとおっしゃる方も増えていますが、自分にとって大切な人たちが心安らかでいるためにも、何らかの弔いの場は用意しておいてあげたいものです。そのための手配も終活で考えてみてください。

〈著者略歴〉

志賀　貢（しが・みつぐ）

医学博士。北海道出身。昭和大学医学部卒、同大学院医学研究科博士課程修了。「腫瘍細胞の細胞周期と放射線感受性について」で医学博士。現在「横浜悠愛クリニック」理事長としてつねに臨床現場での病理・医学研究を続ける傍ら、患者に新しい正しい医学知識を身につけてもらうための啓蒙的著作を数多く世に出している。著書・監修本に『医者はジェネリックを飲まない』（幻冬舎）、『眠れなくなるほど面白い 図解 病理学の話』（日本文芸社）、共著に『イラストでわかる ご臨終の不思議な世界』（KADOKAWA）など多数。

装丁：村田 隆（bluestone）
イラスト：かたおか朋子
編集協力：八木沢由香
組版：朝日メディアインターナショナル株式会社

臨終医が見てきた 人生の最期にみんなが後悔したこと50

2020年２月26日　第１版第１刷発行
2022年８月24日　第１版第４刷発行

著　者　志賀　貢
発行者　村上雅基
発行所　株式会社PHP研究所
京都本部　〒601-8411　京都市南区西九条北ノ内町11
〔内容のお問い合わせは〕教育出版部 ☎075-681-8732
〔購入のお問い合わせは〕普及グループ ☎075-681-8818
印刷所　凸版印刷株式会社

ISBN978-4-569-84627-9